THE
SURPRISING SCIENCE
OF
HOW WE
LEARN
FROM
LOVE AND LOSS

THE GRIEVING BRAIN

悲傷的大腦

FACES
PUBLICATIONS

一位心理神經免疫學者的傷慟考，
從腦科學探究
失去摯愛的悲痛與修復

MARY-FRANCES O'CONNOR

瑪麗—法蘭西絲・歐康納／著
孟令函／譯

科普漫遊 FQ1078

悲傷的大腦

一位心理神經免疫學者的傷慟考，從腦科學探究失去摯愛的悲痛與修復

The Grieving Brain : The Surprising Science of How We Learn from Love and Loss

作　　者　瑪麗－法蘭西絲・歐康納（Mary-Frances O' Connor）
譯　　者　孟令函
責任編輯　郭淳與
行銷企畫　陳彩玉、陳紫晴、林詩玟
封面設計　蔡佳豪

發 行 人　凃玉雲
編輯總監　劉麗真
出　　版　臉譜出版
城邦文化事業股份有限公司
臺北市民生東路二段141號5樓
電話：886-2-25007696　傳真：886-2-25001952
發　　行　英屬蓋曼群島商家庭傳媒股份有限公司城邦分公司
臺北市中山區民生東路二段141號11樓
讀者服務專線：02-25007718；25007719
24小時傳真專線：02-25001990；25001991
服務時間：週一至週五09:30-12:00；13:30-17:00
劃撥帳號：19863813　戶名：書虫股份有限公司
讀者服務信箱：service@readingclub.com.tw
城邦網址：http://www.cite.com.tw
香港發行所　城邦（香港）出版集團有限公司
香港灣仔駱克道193號東超商業中心1樓
電話：852-25086231　傳真：852-25789337
馬新發行所　城邦（馬新）出版集團
Cite（M）Sdn. Bhd.（458372U）
41, Jalan Radin Anum, Bandar Baru Sri Petaling,
57000 Kuala Lumpur, Malaysia.
電話：+6(03)-90563833　傳真：+6(03)-90576622
讀者服務信箱：services@cite.my

一版一刷　2023年3月
ISBN　978-626-315-254-0
EISBN　978-626-315-275-5(EPUB)

售價：NT$399元

國家圖書館出版品預行編目資料

悲傷的大腦：一位心理神經免疫學者的傷慟考，從腦科學探究失去摯愛的悲痛與修復／瑪麗-法蘭西絲・歐康納(Mary-Frances O'Connor)作；孟令函譯. -- 一版. -- 臺北市：臉譜出版，城邦文化事業股份有限公司出版：英屬蓋曼群島商家庭傳媒股份有限公司城邦分公司發行, 2023.03
面；　公分. --（科普漫遊；FQ1078）
譯自：The grieving brain : the surprising science of how we learn from love and loss
ISBN 978-626-315-254-0（平裝）
1.CST：生理心理學 2.CST: 腦部 3.CST: 悲傷
172.1　111021195

致　安娜

是妳讓我看見悲傷以外的豐富人生

第二部　修復的展望

緒言

自人類之間出現人際關係以來，一旦身邊有重要他人死去，悲傷情緒就會自然浮現，鋪天蓋地、席捲而來。無論是詩人、作家還是藝術家，都試圖用感動人心的手法表現「失去」這種難以言喻的狀態；失去重要的人就像一部分的自我一起被死亡帶走，已逝的生命就如同沉重的大衣，沉甸甸地壓在肩上。身為人類似乎就免不了嘗試描述何謂悲傷，總想說出承擔這種沉重情緒的感受。二十世紀，西格蒙德．佛洛伊德（Sigmund Freud）、伊莉莎白．庫伯勒－羅絲（Elisabeth Kübler-Ross）等精神病學家們都開始用更客觀的角度觀察患者的悲傷感受，而他們發現這些個案悲傷模式的相似程度令人驚訝。科學文獻中有各式各樣關於悲傷的「什麼（What）」──那是什麼感覺？會造成什麼問題？身體對於悲傷會產生什麼反應？

一直以來，比起悲傷的「什麼」，我更想了解「為什麼（Why）」；為什麼悲傷令人如此痛苦？為什麼曾經關係親密的重要他人因為過世而永遠消失在人世間，會帶來如此破壞性的感受，甚至使人產生自己都無法解釋的行為與信念？我確信我們一定能從人類大腦裡找出部分答案，畢竟大腦是人類產生思想、感受、動力、行為的所在；藉由觀察大腦在悲傷時產生的反應，或許就能了解人們「如何（How）」悲傷、「為什麼」悲傷。

人們常問我為什麼決定研究悲傷，甚至還進一步成為專門研究悲傷的學者；這些疑問通常純粹出自好奇，不過這些人也許更想確認自己是否能夠相信我。各位讀者或許也是，閱讀這些文字的同時，你也想知道作者是否曾親身面對死亡與失去，體會過那種彷彿眼前盡是一片暗夜茫茫的傷痛；各位一定想搞清楚，這傢伙到底知不知道自己在講、在研究的究竟是什麼？許多人曾向我訴說，失去所愛之人以後他們的世界彷彿變得四分五裂，因此我知道，我的悲傷並不比任何其他人的經驗來得慘烈。但我確實知道失去的感受。母親在我八年級時被診斷出第四期乳癌，醫師在為她切除乳房時發現，癌細胞已遍布她的淋巴結，判斷癌細胞已轉移至身體的其他部分。當時我才十三歲，而直到多年後我才知道，醫師本來預測母親活不過確診的那一年。當時的我雖然不知道醫生的宣判，卻依然感受得到悲傷降臨在家裡，家庭生活硬生生遭到破壞，這一切對於我父母分居、母親陷於憂鬱的家庭狀況更是雪上加霜。我的老家位在鄰近美洲大陸分水嶺的落磯山脈北部一個地勢高聳的偏僻小鎮裡，整個鎮的生計都仰賴著當地一間規模不大的大學，我父親就在那裡教書。母親的腫瘤科醫生稱她為他從醫生涯的「第一個奇蹟」——母親比醫生宣判的預期壽命多活了十三年，這對她兩個正歷經青春期的女兒（我和我姐姐）來說是宇宙的恩慈。但也因為如此，我變成了母親的情緒調劑，我的存在才能穩定她的心緒；即便離家上大學這件事對於青少年的成長發展來說再正常不過，但我的離家卻又為她的憂鬱添上一筆。因此，我渴望了解悲傷的主要原因與其說是因為母親在我二十六歲時離世，不如說是希望回頭探詢母親當初歷經的悲傷與痛苦。我想知道如果生命重來一次，自己能怎麼幫助她。

我滿心渴望逃離鄉下的生活，於是去唸了芝加哥近郊的西北大學（Northwestern University），在那樣的大城市裡，隨便一個街區的工作人口就比我老家整個小鎮的人口數還多。那時是一九九〇年代初期，我在《腦神經科學入門》（*Introduction to Neuroscience*）讀到了某些內容，第一次知道功能性神經影像（functional neuroimaging）的存在。功能性磁振造影（Functional Magnetic Resonance Imaging，fMRI）在當時是前所未見的全新科技，放眼全世界也只有少數研究學者可以使用。我無疑對這種創新技術燃起了興趣，即便連想都不敢想自己能夠有機會使用磁振造影儀器，卻依然對科學家終於能夠一窺大腦這個神祕黑盒子感到無比興奮。

十年後，我在亞利桑那大學（University of Arizona）完成了研究所的學位論文，研究主題是悲傷的介入治療（intervention for grief）。其中一位論文考試委員是精神病學家，他認為我應該把握大好機會觀察歷經悲傷的大腦樣貌，並建議我邀請研究受試者再次參與實驗，回來做功能性磁振造影。聽到這樣的建言，我實在為難，因為我早已完成取得臨床心理學博士學位所需的一切條件，而且神經成像是一門相當不容易入門的學問，對我來說更是全新的科技。然而有時候一件事能夠順利推動正是因為一切水到渠成，於是我們便展開了學界首見以功能性磁振造影研究悲傷的計畫。當時倫敦大學學院（University College London）率先發展出了分析功能性磁振造影成像的技術，而我正好碰上了剛在那裡做完學術休假研究的精神病學家理察．藍恩（Richard Lane），他指導我如何分析功能性磁振造影成像，但這門學問對我來說依然是難以跨越的一大障礙。

然而有時候事情就是那麼剛好。德國的精神病學家哈洛德．岡德（Harald Gündel）正好也想到美國向藍恩學習功能性磁振造影的學問；因緣際會之下，我在二〇〇〇年三月首次和岡德碰面，我們兩個一拍即合，因為我們同樣著迷於大腦如何維繫種種人際關係、這又如何影響人類的情緒，同時也好奇失去某些人會在人類大腦產生什麼現象。誰想得到來自不同國家、相差十歲左右的兩位研究學者會有如此相近的研究興趣呢？這麼一來，完成這項研究的一切要素都已到位——我因為自己的學位論文，集結了一群失去重要親友卻仍願意做功能性磁振造影協助研究的受試者；岡德擁有關於大腦構造及功能的專業知識；藍恩則是功能性磁振造影的專家。

不過我們與成功之間還有最後一層阻礙，需要宇宙的成全才能突破。岡德只能在美國待一個月，而我則是在二〇〇一年七月就得前往加州大學洛杉磯分校（UCLA）臨床實習。更令人擔心的是，我們三個能夠在亞利桑那州的土桑（Tucson）會合的時間，正好是學校醫學中心的神經成像儀器預定更換的時間。不過所有建設計畫都會遇到同一個問題：延遲，於是二〇〇一年五月正好就讓我們碰上了儀器沒人預約，舊機器卻還可以使用的時機。我們在四週內就完成了關於悲傷的神經成像研究，創下了最短時間內完成研究計畫的紀錄。[1]本書便記錄了這項研究成果，以及其他更多豐富內容。

花了一年時間，我終於完成在加州大學洛杉磯分校的臨床實習，這段時間我在醫院與診所看到了各種心理健康程度、臨床症狀不一的個案，也因此增添了更多科學研究的能力。緊接在臨床實習結束後，我開始進行心理神經免疫學（psychoneuroimmunology，PNI）的博士後研究，聽起來好像很厲害，其實就是在心理學及神經科學的知識框架下研究免疫學。我在加州大學洛杉磯分校待了十年，從學生的身分變成那裡的老師，但最後還是回到了亞利桑那大學。我在那裡主持研究悲傷、失去與社會壓力（Grief, Loss and Social Stress，GLASS）的實驗室，這份工作相當充實；我在教導大學生與研究生的同時也主掌臨床訓練計畫。如今，我的生活多采多姿，除了每天花數小時研讀研究論文、設計新研究，嘗試探討人類感受到每一個轉瞬即逝的悲傷瞬間背後的機制之外，也在各種規模的課堂上為研究生上課，同時和來自全美或全球各地的臨床心理師攜手合作，希望引領悲傷研究的領域前進。此外，我也悉心指導大學生，幫助他們摸索出個人研究方向，並寫作文章傳遞這個領域的各種新發現。我也在當地社區演講分享知識；此外，最重要的是，我鼓勵所有學生展現天賦，期許他們透過科學角度展現出其獨一無二的世界觀。

我不僅是研究者，也是學生的導師，同時還身兼教授與作家的角色；雖然因為實在分身乏術而無法再親自治療個案，但也因為做研究而進行大量訪談，才有這麼多機會傾聽人們的悲傷體驗。我會問對方各式各樣的問題，也盡力細心關注這些善良又慷慨的受訪者與我分享的一切。對他們來說，能夠為科學研究貢獻自己的人生經驗，是參與研究的最大動力；這些受訪者也期許能藉此促進科學研究，幫助更多人面對失去重要他人的痛苦。我衷心感謝每一位受訪者、受試者，也希望能透過本書紀念他們的付出。

想到悲傷，第一個出現在大家腦海裡的大概不會是神經科學，更別說在我剛開始做研究的那個年代了。然而隨著多年研究我終於了解，深愛的重要他人去世時，人類大腦勢必得面對難以解決的重要問題；失去心中那個獨一無二的存在會讓我們不知所措，畢竟對我們來說，深愛的那些人就跟賴以維生的食物、飲水一樣重要。

然而值得慶幸的是，人類大腦十分善於解決問題，甚至可以說就是為了解決問題而存在。經過幾十年的研究，我意識到當人們深愛的親友在世時，大腦會投注大量精力尋找這些對象的所在位置，這樣才能隨時找到他們。而比起全新的資訊，大腦通常偏好已經習慣及可預測的事情，面對那些不得不接受的新資訊則得經歷一番辛苦才能學會，而摯愛的離世正是其中一種全新經驗。人們哀悼的同時，大腦也得承擔艱鉅的任務，必須在這個過程中拋開長久以來建立的生活模式，還得改變與離世者曾經存在的互動關係。哀悼的過程，或者說試圖在失去摯愛後繼續活出生命的意義，終究還是一種學習；而學習是一輩子的事，因此若能將哀悼視為一種學習，或許能夠讓這件事變得更令人熟悉、更容易理解，也能夠讓我們有足夠的耐心走過這一段難忘的旅程。

每當我與學生、臨床醫師，甚至是飛機上鄰座的乘客對話時，有幾個關於悲傷的問題一再出現。他們總是問我：悲傷和憂鬱一樣嗎？如果一個人沒有顯露出悲傷的樣子，是不是正在否認現實？失去孩子是不是真的比失去配偶來得令人痛苦？此外，他們也常常問我：我身邊的某個人失去了母親／兄弟／摯友／丈夫，到現在已經過了六週／四個月／八個月／十年了，他們依然感到悲傷，這樣正常嗎？

許多年後我才發現，人們問題背後的假設表明，從事悲傷研究的科學家們實在沒有好好讓大眾了解這門研究帶來的啟發，而這也是我寫作本書的動機。我埋首研究悲傷心理學家喬治・博納諾（George Bonanno）所提出的**喪親傷慟的新科學**（the new science of bereavement）[2]，在本書中討論失去配偶、孩子、摯友或親密重要他人的悲傷，也探討其他型態的失落體驗，例如失業時或是明星名人離世時（雖然根本沒見過這些大明星，卻依然會感受到的那種傷心）。我將藉由本書帶大家了解哀悼是怎麼一回事，而如果各位身邊有人正在經歷哀悼的過程，你也更能理解他的感受。這並不是一本以提供實用建議為目的的書籍，但許多讀過本書的讀者告訴我，他們的確學到了東西，得以運用在他們獨特的失去經歷中。

神奇的大腦總是令人類深深著迷，新技術讓我們終於能一窺人體中這個神祕黑盒子的奧祕，或許也能藉此解開許多自古以來就存在的疑問。話雖如此，我並不認為在探討悲傷這件事情上，神經科學的觀察角度就優於社會學、宗教學、人類學的視角；即便我投注了整個職業生涯在神經生理學的科學研究上，也依然發自內心這麼認為。但我也相信，透過神經生理學了解悲傷，就能夠更全面地認識這種情緒，促使人類用新的方式探討悲傷帶來的痛苦與恐懼。神經科學是這個時代的熱門新知，透過從各式各樣的角度了解悲傷，更精細地觀察腦迴路、神經傳導物質、行為、情緒在人類傷慟時產生的變化，我們就有機會用不同的方式同理感受人們失去摯愛的痛苦，也更能允許自己與他人好好經歷悲傷，認真了解哀悼是個什麼樣的過程——同時也在心中保有更大的包容與希望。

各位應該有發現，我在本書中用了**悲傷**（grief）與**哀悼**（grieving）這兩個詞。雖然大家平常對話時都會交互使用這兩個詞彙，但我要特別指出它們之間的重要差異。**悲傷**——這種激烈的情緒就像波濤巨浪一樣拍擊人的內心，令人難以承受卻又無法忽略，而且悲傷會時不時重複閃現；然而這些悲傷的時刻跟所謂的**哀悼**是兩種完全不同的狀態。哀悼是一個過程，不像悲傷那樣是存在於當下的某種情緒，也因為哀悼是一種過程，所以會形成軌跡。悲傷與哀悼之間顯然存在關聯性，人們才會在描述失去的體驗時交互使用這兩個詞彙；不過這兩者之間確實有著決定性的差異。例如，悲傷沒有所謂的終點，它是人類面對失去時產生的自然反應；我們會永遠對某個人抱持著悲傷的感覺，即便是在對方過世多年，我們也已重新站起來找回充實、有意義的生活以後，依然會出現那種被悲傷壓得喘不過氣的時刻。然而，儘管這種人類共通的悲傷情緒會永遠存在，但每個人各自哀悼的歷程、適應的腳步，都會隨著時間不斷演變，進而改變我們的感受。第一百次經歷悲傷襲上心頭時，你可能會想，「我永遠也擺脫不了這種感受，我實在受不了了。」不過到了第一百〇一次時，你可能又會想，「我實在痛恨這種感受，也不想再體會這種心情——不過這種感覺的確很熟悉，我也知道這些痛苦的時刻終究會過去。」因此就算內心依然感受得到悲傷，我們與這種感覺之間的關係卻已經改變。在失去某個人多年以後卻依然感到悲傷，可能會令我們質疑自己到底有沒有真正適應新的現實狀態，但如果能把當下的情緒與適應的過程分開，看待為兩個不同的獨立事件，這樣就算已經**哀悼**了很長一段時間，卻仍然時不時會在某些時刻感到**悲傷**，也就不是什麼大問題了。

本書將帶領各位經歷一趟又一趟如同解謎一般的旅程。第一部的議題將圍繞著悲傷，第二部則主要探討哀悼。我在每一章都會提出一個待解的疑問；第一章的問題是，為什麼要真正理解去世的人已永遠離去這麼困難？認知神經科學可以為我們提供解答。第二章的疑問是，為何會有這麼多其他情緒伴隨悲傷而來——為什麼我們會感受到強烈的悲傷、憤怒、責怪、罪惡、渴盼？在這裡我將帶大家了解依附理論（theory of attachment），同時探討人類大腦的神經依附系統（neural attachment system）。第三章以前兩章為基礎，進一步提出疑問：人類為什麼要花那麼久的時間，才能真正理解所愛的人已永遠離開人世？我將帶領各位探討人類大腦同時存在的各種知識與資訊形式，一起解開這個謎題。到了第四章，我們已具備足夠的背景知識，可以深入了解更核心的問題了；人類在歷經悲傷時，大腦裡發生了什麼事？然而，想要知道這個問題的答案，我們同時也得思考，自科學界開始研究傷慟的科學現象以來，人類對悲傷的了解有哪些改變？進入第五章，我們將開始探討更細膩的問題——為什麼有些人面對失去親友的事實時，比其他人適應得更好？同時提出疑問：複雜性悲傷還會引發哪些問題？第六章我則要帶領大家思考，為何失去某些親友會令人如此哀慟。我們將在本章探討愛的運作機制，同時了解大腦是如何產生這些人與人之間的情感連結。至於面對令人痛苦難耐的悲傷時，我們能做些什麼？這正是我將在第七章探討的議題，藉由臨床心理學帶大家深入探尋解答。

進入第二部以後，我們就要開始探討哀悼了，同時也要了解在試圖重建充實生活時可能會面對的處境。第八章提出的疑問是，為何失去所愛之人後，我們會反覆思考關於對方的一切？而只要轉變花費大量時間反覆思考的主題，就能使大腦的神經連結產生變化，提升重拾充實人生的可能性。花費了大量心力處理過去的議題後，我們終將必須面對在第九章提出的疑問——要如何帶著悲傷好好把握眼前的每一刻？解答這個疑問之前，我們必須先理解，假如想要體驗真正的快樂和人與人之間的情感，就必須活在當下，也一定要向仍在身邊的摯愛親友傳達心中的愛。既然討論了過去與現在，我們也將在第十章關注未來，而這一章要提出的疑問則是，既然無法扭轉死亡，我們又真的有可能轉換悲傷的情緒嗎？其中關鍵就是人類神奇的大腦，只要掌握訣竅，我們就能想像出未來的無限可能。第十一章我們將了解如何運用認知心理學將哀悼視為一種學習，並以此為本書作結；接受了哀悼就是一種學習歷程，而人生就是不斷的學習以後，或許就能使失去所愛之人以後蜿蜒曲折的哀悼旅程更令人熟悉，令你我懷抱更多希望。

我希望各位閱讀本書時，能從三種不同角度出發。其中最重要的就是大腦，大腦有著令人讚嘆的能力，然而其處理各種資訊的過程又是如此神祕難解；人類在失去摯愛當下接受到的一切訊息，以及後續所有決策，都得仰賴大腦處理。大腦是人類生命故事的核心，不僅經過了好幾世紀的演化，也陪伴你我度過人生的幾十萬個小時，體驗所有愛與失去。其二則是傷慟的科學，這個新興研究領域充滿了極具魅力的科學家與臨床醫師，同時也跟所有科學研究一樣，必定會歷經種種錯誤嘗試，也會產生令人興奮的新發現。最後就是我的視角；我是一位體會過悲傷的科學家，希望各位在閱讀本書時能夠信任我、跟隨我的指引。我的失落經驗並沒有多麼不同凡響，但透過我人生至今的一切潛心研究，希望能帶領各位透過全新的角度看待自己的大腦，了解正是這個神奇的器官讓人類得以帶著心裡所有深愛的人走過人生旅程。

第1部

失落的痛苦

〔第1章〕黑暗中獨行

在解釋關於悲傷的神經生物學時，我常用一種大家應該都很熟悉的經驗來比喻。不過在這之前得先假設有人偷了你的餐桌，才能讓這個比喻聽起來合理。

請各位想像，你有天半夜因為口渴而醒來，爬下床想到廚房倒杯水來喝。你走下樓，在黑暗中穿過餐廳朝廚房前進，以前你的屁股每一次都會撞到這裡的餐桌角，不過在那一刻你感覺到……嗯？什麼感覺？什麼感覺都沒有。你突然發現，屁股原來都會撞到的那個位置竟然沒有任何物體，而這件事引起了你的注意——也就是**沒**感覺到本來應該在那裡的某個物體，消失的感覺就是引起你注意的關鍵。這聽起來很怪——我們通常會覺得**某個東西**的存在會吸引關注——**沒有東西**怎麼會特別引起我們的注意呢？

事實上，你並非真的在這個世界中行走；說得更準確一點應該是，你大部分的時間都同時在兩個世界裡行走，那另一個世界是完全由你的大腦建構出來的虛擬實境地圖，大腦會根據這份虛擬地圖指揮人體移動。這也是為什麼我們能夠在一片漆黑的屋子裡行動自如，此時引領你前進的並非外在世界的線索，而是大腦裡的虛擬地圖指引你在熟悉環境裡走動，指揮身體各部位該怎麼各司其職、該往哪裡去。

各位可以把大腦裡的虛擬地圖想成Google地圖；你有沒有嘗試過不認真思考語音導航的內容，直接根據指示前進？在這個過程中，你可能會遇到語音導航要你轉到某條路上，卻發現那是一條腳踏車道的情況。全球定位系統無法永遠都和真實世界完全吻合，而我們的大腦就像Google地圖一樣，要探索某個地點，就得仰賴過去對該區域蒐集過的資訊。不過為了保護你的安全，大腦會用一整個腦區來探測可能出現的錯誤——這個腦區負責接收大腦虛擬地圖與真實世界出現落差時產生的神經訊號，一旦偵測到錯誤，該腦區就會立刻將大腦接收的訊號來源轉換成來自外界的視覺訊號（如果是在晚上，我們就會在此時決定把燈打開）。如果大腦裡沒有虛擬地圖，我們每一次走在熟悉的居家環境裡，就都得當成第一次造訪來摸索——逐一認清楚門把、牆壁、家具的位置，還得決定如何與這些物件互動。相較之下，按照儲存在大腦裡的虛擬地圖移動就可以花少一點力氣處理各種訊號，這也就是為什麼人類會如此依賴大腦裡的資訊。

沒人能預料到家裡的餐桌會不翼而飛，也沒人能預知深愛之人的離世——即便那個人已纏綿於病榻多年，我們還是無法預先知曉失去摯愛的世界會是什麼模樣。身為科學家，我毅然投入了從大腦角度研究悲傷的領域；當最重要的那個人離開世界，留下的悲傷對大腦來說是令人心碎的待解難題，而生者則必須在深愛的人離開以後，學會如何在這個對方已深深留下痕跡的世界繼續活下去。對大腦來說，摯愛雖然離開人世間，卻成為腦海中永恆的一筆，而你就這樣同時活在兩個不同的世界裡。儘管人生中有很重要的一塊已不翼而飛，大腦依舊繼續為你的生活自動導航；那個重要的人已離開人世這件事對大腦來說實在不合理，不僅令人困惑，也使人痛心。

大腦如何理解失去？

大腦如何讓你同時在兩個世界裡生存呢？在你**沒**撞到那張不翼而飛的餐桌時，大腦使你產生了什麼感覺？人類對於大腦裡那張虛擬地圖已所知不少，我們甚至已經發現海馬迴（hippocampus，為大腦深處一海馬形狀的結構）是儲存這張大腦地圖的所在。動物基本的大腦神經處理過程與人類相似，大腦裡也有虛擬地圖以利生存，因此科學界常藉由動物實驗來深入了解，大腦裡那像電腦一樣不斷運算的灰質（gray matter）如何運作。我們可以用老鼠當實驗對象，運用感應器接收單一神經細胞被激發時產生的電子訊號；實驗人員在老鼠頭上戴上實驗裝置，然後讓牠們到處跑動，一旦有神經細胞受到激發，實驗裝置就會將老鼠神經細胞受到激發時的所在位置記錄下來。這項實驗結果可以讓我們觀察哪些地點會激發老鼠的神經細胞，也可以知道是哪些神經細胞產生反應。

挪威神經科學家愛德華・莫澤（Edvard Moser）與邁－布里特・莫澤（May-Britt Moser）做了一項開創性的研究；實驗中的老鼠每天都會走到一個盒子裡，而牠們的腦神經一旦受到激發，就會被記錄下來。這個盒子裡只有一個引人注意的物體——一個亮藍色的樂高塔。實驗期間，老鼠每天都會造訪這個小盒子，經過了約二十天左右，實驗人員才終於從老鼠頭上的裝置找出牠們在碰到藍色樂高塔時，會受到激發的是哪一種神經細胞。這種細胞在老鼠接近目標範圍時會受到激發，實驗人員因此將這種神經細胞稱為目標細胞（object cells）。然而即便眼下的明確證據顯示老鼠接近目標物體時會激發目標細胞，但實驗人員尚不清楚神經細胞為什麼會受到激發。是因為辨識出了藍色樂高塔的外在特徵嗎（又高又藍又硬）？又或者老鼠大腦裡其實產生了另一種層面的反應，例如：「嗯，我以前在這裡看過這個東西。」假如神經細胞真的能夠紀錄個體曾發生過、體驗過的事，那就有趣了。

因此實驗人員又進一步實驗——把藍色樂高塔從盒子裡拿出來，讓老鼠繼續造訪這個盒子幾天。驚人的是，當老鼠接近藍色樂高塔**原本**所在的位置時，另一種神經細胞受到激發；這些神經細胞與原本的目標細胞是不同的群體，因此實驗人員將這些神經細胞稱為目標痕跡細胞（object-trace cell）。[3]在老鼠大腦裡的虛擬地圖上，該地點正是原來藍色樂高塔所在的位置，這種落差導致目標痕跡細胞受到激發。更令人驚訝的是，在實驗人員將藍色樂高塔拿走以後，這種現象平均會持續五天之久——在這段時間內，老鼠漸漸學會藍色樂高塔已消失的事實。這意味著大腦裡的虛擬地圖需要足夠的時間才能夠按現實世界的狀態更新。

因此根據我們對目標痕跡細胞的了解，假如關係緊密的親友過世了，但每一次大腦仍然預期那個人就在屋子裡時，就會激發這些神經細胞。這些曾在神經細胞裡留下的痕跡，必須直到你真正接受所愛之人已經離世、再也回不來的事實，才會消失。因此在歷經失落後，大腦必須更新虛擬地圖，重新描繪出新生活的樣貌。這樣看來，人們需要好幾週，甚至好幾個月的時間來歷經悲傷情緒、接受新體驗，才能重新學會如何好好過生活，也就沒什麼好奇怪的了。

關於地圖的疑問

一般來說，科學家都會試圖為人類眼前所見的一切提出最簡明的解釋，但大腦地圖這個說法，卻並不是解釋人類如何定位人事物最簡單的方式。另一種解釋老鼠如何學會藍色樂高塔所在位置的論點非常簡單——也就是制約；我們可以透過訓練讓老鼠建立制約性的聯想。不過神經科學家約翰・奧基夫（John O'Keefe）（正是找到目標痕跡細胞的那群研究人員的導師）所做的研究讓我們發現，這個過程中有比經由學習建立聯想更複雜的機制參與其中。奧基夫與林恩・納德爾（Lynn Nadel）（現在是我在亞利桑那大學的同事）在一九七〇年代提出了革命性的新觀點。

這些科學家設計了一項實驗來比較兩種不同論點——老鼠是經訓練學會聯想線索，或是老鼠大腦裡有著虛擬地圖。前者的假設是老鼠會記得從起點開始以後，在哪幾個地方轉彎就能吃到酬賞食物；這就是線索學習（cue learning），代表動物會對曾經看過的線索產生反應，並因此產生聯想。另外一個假設則是認為老鼠的大腦裡（更精準來說是牠的海馬迴裡）有虛擬地圖，牠們會透過虛擬地圖定位好吃的酬賞點心在哪裡；這種方位學習（place learning）的機制與線索學習正好相反。

奧基夫與納德爾設計了一個箱子，裡面有間隔相等的孔洞，洞裡則可能會有食物。把老鼠放在箱子的其中一個入口，牠很快就能學會找到食物的路徑；例如，右轉經過兩個洞以後會在第三個洞吃到食物。然而假如老鼠只是學會這些線索並藉此尋找食物，那麼實驗人員只要把老鼠放在不同的入口，這一招就行不通了，這下牠就算按照原本的路徑右轉再經過兩個洞，也無法在第三個洞找到好吃的酬賞點心。另一方面，假如老鼠大腦裡有整個箱子的虛擬地圖，那麼不管從哪一個入口出發都沒差，牠會直接跑向酬賞點心的所在位置，因為食物與整個箱子的相對位置對牠來說一清二楚。[4]

實驗結果顯示，老鼠腦子裡的確有整個箱子的虛擬地圖，也證明了老鼠確實是透過方位學習而非線索學習來掌握食物的位置。事實上，從實驗中可以觀察到，在箱子裡各處都會有不同的神經細胞受到激發，有點像是大腦為不同地點做了各種標記；這些用來標記各個地點的神經細胞就是位置細胞（place cell），能協助我們辨識自己身處的位置，也能掌握其他重要的人事物（例如哪裡有源源不絕的食物）所在何方。人類和老鼠一樣也會用位置細胞來定位，藉此找到冰箱在哪裡，因此無論是從前門還是後門走進家裡，你我都一樣可以運用大腦裡的虛擬地圖徑直走向冰箱。

深愛的人對我們來說就和食物、飲水一樣重要，因此假如有人問你親愛的男朋友或女朋友現在人在哪，或是問你要去哪裡接小孩，你大概都會知道可以在哪裡找到他們；對你來說，這些重要他人的位置就跟食物、飲水一樣被你牢記在心。人類會運用大腦裡的虛擬地圖尋找所愛之人身在何方、預測他們的所在位置；如果對方不見了，我們也會努力用這張地圖找出他們的所在。而正因為人類一直以來都運用這張虛擬地圖定位所愛的人，這些重要他人過世後，大腦裡的資訊就會與現實產生落差；我們再也無法在原來身處的空間、時間裡找到這些人——這也是造成悲傷情緒的一大關鍵。從原本那張虛擬地圖上再也找不到所愛的人，這種感受對我們來說實在太過陌生，隨之產生的警覺與困惑，就是悲傷會沉重得令人喘不過氣的其中一個原因。

演化是個小工匠

生物為了滿足生存需求，就必須動起來尋找食物，而動物大腦裡的虛擬地圖或許就是為了覓食而存在。漸漸地（特別是隨著哺乳類動物的演化），牠們發展出了另一種需求：與同物種的其他個體互動，照顧、保護彼此、與彼此交配。以上種種行為就是我們所說的依附需求（attachment needs）。在前面的討論中，我們將哺乳類動物對食物與對重要他人的需求（也就是依附對象）視為類似的問題。不過食物與我們深愛的人顯然是不一樣的東西；我們無法一直在同一個地方找到食物，而你我深愛的人擁有自我意識，行蹤更加難以預測。

現在以一些比較簡單的哺乳類動物舉例，讓各位了解人類可能如何運用大腦裡的虛擬地圖定位親友。我最愛的電視節目是《狐獴大宅門》（*Meerkat Manor*）[5]，這個節目記錄了喀拉哈里沙漠（Kalahari Desert）狐獴族群的生活。狐獴是體型嬌小、長得有點像土撥鼠的嚙齒類動物；《狐獴大宅門》是類似於結合了《野生動物王國》（*Mutual of Omaha's Wild Kingdom*，節目名稱暫譯）與《年輕和騷動不安的一族》（*The Young and the Restless*）的節目。《狐獴大宅門》裡鬍鬚幫（Whiskers）的族長是精明又勇往直前的母狐獴花花，花花和同伴們每天都得到沙漠裡覓食，尋找甲蟲、蠍子等其他好吃的東西果腹。其他的鬍鬚幫成員則待在家裡擔任保母，負責保護還毫無自保能力的狐獴寶寶。這些狐獴每天都橫跨極遠的距離尋找食物，但每一晚都依然能穩穩當當地回到家，與小寶寶和那些無聊了一天的狐獴保母們團聚。這些狐獴都心裡有數，知道曾覓食過的區域大概要過多久才會恢復生機，因此每隔幾天就會更換造訪的地點；狐獴也因此得將整個鬍鬚幫一起移到另一個地下洞穴生活。地底下存在著上百個由狐獴打造出的地下洞穴，這些小動物則定期搬家以避免天敵和跳蚤的侵擾，同時維持居住環境清潔。這些小型哺乳類動物的海馬迴裡一定也儲存著巨大的虛擬地圖，才能在每天長途跋涉覓食後依然順利找到回家的路。

演化使社交動物具備了強大的能力，可以在大腦中構築出屬於周遭環境的虛擬地圖，協助牠們判斷哪裡是優良的覓食地點，也能計算出在該處進食後可以多快抵達另一個區域。不過演化是個喜歡拼拼湊湊的小工匠，一旦生物出現了新的需求，演化就會利用現有的生物機制做變化，而不是發展全新的大腦系統。這麼說來，大腦裡儲存的覓食地圖應該也會被哺乳類動物用來牢記安置孩子的地點，才能在每一天結束時知道如何回到孩子身邊，更能夠在緊急狀況出現時立刻回去保護牠們；就像《狐獴大宅門》裡，有次花花發現老鷹在牠們的地下洞穴上方盤旋，察覺危險的花花立刻奔回家查看躲在地下洞穴的寶寶是否安然無恙。我們人類也會運用大腦虛擬地圖的三種向度定位深愛的人；前兩個向度與尋覓食物的條件有直接關聯——也就是空間（食物在哪裡）與時間（什麼時候是覓食的好時機），第三個向度則是關係的遠近。與深愛的人之間親密的情感連結使我們能肯定地預測他們的行蹤，假如對方願意在家裡等我們回去或主動聯繫，我們就更容易找到他們。這種無形的聯繫是因關係緊密而形成的連結，也就是英國心理學家約翰．鮑比（John Bowlby）所提出的依附關係。[6]將人際關係的遠近視為其中一種向度是全新的觀點，這一點我將在第二章更深入探討。現在，我們先來認識這三個向度：空間（here）、時間（now）、關係（close）。

依附連結（Attachment Bond）

我們該如何了解空間、時間、關係這三個向度呢？嬰兒剛出生時，只要與照料者接觸就會感到安心、有安全感。（為求稱呼上的區別，我在這個章節會以「她」來指稱照料者，以「他」來指稱新生兒。這不代表嬰兒的主要照護者非得是媽媽不可，爸爸當然也可以擔任這個重責大任。）新生兒在與媽媽有實際肢體接觸時會感到舒心又快樂，此時他的心智能力僅足夠讓他分辨有無肢體接觸，尚無法區別接觸來自自己或他者；天性令他們在渴望肢體接觸時直覺地大哭出聲。這時候嬰兒就開始學會，若沒有感受到肢體接觸，可以用哭聲把媽媽帶回自己身邊，享受肢體接觸的撫慰。接著嬰兒的大腦會逐漸發展，此時就算他與照料者之間有實際距離（空間的向度），依然能感受到與媽媽之間的依附連結。只要嬰兒可以看見媽媽在同一個空間裡，甚至是從另一個房間聽見媽媽的聲音，就能滿足依附需求。人類的大腦就是在此時產生了第一個虛擬現實——只要有視覺或聽覺線索就能產生，不需要實際肢體接觸；這就是媽媽在嬰兒腦中的心智象徵。這種依附連結能夠跨越空間的距離，正是因為母子之間無形的紐帶；就算媽媽在房間的另一頭，也能給寶寶帶來同樣程度的撫慰效果，而感到安心的寶寶就能靠著這股安全感放心地做自己想做的事。

接著嬰兒學會了時間的向度；在嬰兒出生後第一年的某個階段，他們會開始在發現媽媽不見時哭泣。大多數人認為這是因為嬰兒開始與媽媽產生了情感連結所導致，但實際上不只是這樣。要發展出這種在媽媽離開時傷心欲絕大哭的行為模式，嬰兒的大腦得先發展出工作記憶（working memory）的能力。嬰兒大腦中不同的腦區之間發展出了新的神經連結，也因此擁有了工作記憶；有了這種新能力，嬰兒可以記得三十秒至六十秒之前發生了什麼事（媽媽剛剛在這裡），當下又發生了什麼事（媽媽不見了），並且將這兩件事連結在一起。可惜的是，他們還無法掌握媽媽消失這件事產生的不確定性，也不知道會因此發生什麼事，所以即便這個階段嬰兒的大腦已經成熟到可以分辨此時此刻其實只是過去經歷改變以後的狀態，但他們能夠選擇的反應還是只有嚎啕大哭，希望媽媽可以聽見哭聲、趕快回到他的身邊。

累積了足夠的經驗後，寶寶最終會發現，就算媽媽暫時不見了，她也一定會回來。因此這些幼兒開始學會等待；他可以好好等待一集甚至兩集《芝麻街》（*Sesame Streets*）卡通節目的時間，因為他相信媽媽絕對會回到自己身邊，世界也會安然無恙地繼續轉動。到這個時候，幼兒即便看不到或聽不見媽媽在身邊，大腦裡的虛擬現實仍然存在媽媽的心智象徵；也由於幼兒對於媽媽一定會回到自己身邊的信念感到安心，才不會被對於愛與安全感的依附需求擊垮。媽媽與幼兒之間的依附連結因此可以緊緊連繫著他們。

大腦以往用來覓食的功能，被哺乳類動物從中借用了分辨空間與時間向度的能力用於依附關係；能夠好好運用此能力、信任照料者的個體才能順利存活，並將自己的基因傳給下一代。能乖乖待在媽媽視線裡的寶寶比較能躲過掠食者而存活下來，能好好待在原地等媽媽帶食物回家的幼兒也能獲得更豐富的營養、長得更壯。隨著新品種的哺乳類動物出現，大腦也將同一種解決方式運用在不同的問題上，依附關係正是因此而生。

當各種向度都不再適用

人類滿足依附需求（也就是從深愛的人身上獲得撫慰與安全感）的先決條件是知道對方身在何處。我大學畢業後又去念了研究所，因此必須搬到不同的城鎮就讀另一所學校，而母親非常堅持要親自到我的新住處看看。她說：「我必須親眼看看妳現在到底住在哪裡。」這讓她覺得自己與我更加親近；我也認為，她如果能夠在大腦虛擬地圖安放屬於我的位置，就算我不在家，也能稍微減緩她對我的思念。

倘若大腦虛擬地圖運用空間、時間、關係這三個向度來定位與追蹤重要他人，一旦這些人去世，就會產生特別令人痛心的問題。我們會突然驚覺（在認知層面上則是「相信」）自己再也無法在原來的空間與時間向度裡找到逝者。從另一層面上來看，人類大腦無法處理這種狀況，因為這是大腦從未體驗過的事，因此無法像以往一樣預測其可能性。某個重要的人只是單純地從這個世界上完全消失，對大腦來說違反了長久以來經驗的事情，就像家具不可能憑空消失一樣，如果我們所愛的人不見了，大腦就會預設這些人一定是在其他地方，之後一定還能夠找到他們。因此人們在重要親友消失後產生的應對行為非常簡單明瞭：開始尋覓對方、大聲哭喊、傳簡訊、打電話，或是盡一切可能試圖引起對方的注意。對你我的大腦來說，這個人已永遠消失在自己身處的時空並不是合乎邏輯的解答，以至於我們無法理解對方為何不見了。

我先前提過，人類對依附關係的需求就跟對食物的需求一樣重要，現在我想請各位試著想像以下情況：某天早上你起床以後幫自己做了早餐，結果不知道為什麼，正準備坐下享用時，盤子裡的食物卻不見蹤影，杯子裡連一滴咖啡也沒有了。你做早餐時根本沒有出錯，也依循了每一個正確步驟烹飪，但問題來了——就在前一晚，整個世界徹底改變了，再也沒有食物可以給你吃了。你在餐廳裡向服務生點完餐，對方離開一陣子後為你上餐，但卻什麼食物也沒送來；這種莫名其妙的陌生感受就和人們被告知重要他人去世時的感受非常相似——徹頭徹尾地令人困惑。即便其他人可能會宣稱這就是在否認，但其實這種困惑的感受並非單純地否認現實，而是人們面對強烈悲傷情緒而徹底迷失的反應。

我是不是瘋了？

我遇到第一個因為悲傷議題而進行心理治療的個案非常肯定她「快要瘋了」，當時她才二十幾歲，父親在一次嚴重的意外事故中喪命。她確信自己曾在事故發生後見到父親，一如既往地戴著大頭巾走在街上，而她無法擺脫這段經歷。她真心相信自己看見了父親，但她心裡也明白，這種事不可能發生；更慘的是，即便她很害怕會因此親眼看見父親身受重傷後的模樣，卻實在希望自己能夠再次見到他。

許多人應該都有過這種經驗，在深愛的親友去世後依然不斷尋找他們的身影，抓著他們的遺物嗅聞氣味，想讓自己感覺更靠近對方一點；這些人沒有瘋，這都是很常見的正常反應（雖然從好萊塢的角度來看並不是這樣）。最重要的判斷基準是行為的出發點，我們可以試想以下情境：你實在太過思念去世的丈夫，因此開始尋找各式各樣的事物讓自己回想起他，回憶那些你們共度的時光，這是其中一種反應；再來是你在女兒離世多年後，依然將她的房間維持在她去世那天的模樣，床上鋪的是和當時同一條床單，從失去女兒的那天早上她爬起床、掀開被子後，你就沒有再改動這一切事物的模樣一絲一毫，而且你花了大把時間待在這房間裡，試著重新創造女兒還活著的體驗——這可能就有問題了。這兩者間的差異在哪？在第一種假設情境裡，你依然活在當下，只是回憶著與對方相識相愛的過去，心裡盛裝著痛苦、悲傷與酸甜苦辣的情緒；第二種情境則是試圖讓自己活在過去，假裝時間停在了某一刻。然而，無論多麼掙扎、渴望，我們就是無法讓時間停下腳步、無法回到過去，我們終究還是得走出那個房間，好好面對現實世界裡的每一個當下。

來做心理治療的年輕女子聽到我保證她真的沒瘋，也沒必要因為看到父親的幻象而入院治療後，終於能夠開始好好談論自己的悲傷。她終於可以將情緒化為語言，告訴我她覺得自己實在還太年輕，對未來也充滿了徬徨，好需要父親在身邊。這種渴望正是悲傷的核心。

在黑夜裡尋覓

世界上有各式各樣的信仰，長久以來都歌頌著在不同的時空尋找離世親友的渴求；他們去了哪裡？我還能見到他們嗎？面對深愛的人離世，想再次找到對方的渴望是那麼不可抑制，許多人在從宗教尋求自己人生的意義以及在宇宙之間的定位時，就會產生這種渴望。對於經歷傷慟的人來說，宗教提供的解答能使他們重獲平靜與安穩，各種宗教通常也會描繪出人在離世後的安身之處（天堂、西方極樂世界、冥界）以及能夠再見到這些離世之人的時刻（亡靈節〔Día de los Muertos〕、日本盂蘭盆節、最後審判日〔Judgment

Day」）。在許多文化中，人們會到墓前或是家裡的祭壇祭拜，與過世的親友說說話、尋求建議，讓自己感覺與已逝之人更親近一點。這麼多不同的文化都對死後的時空提供如此具體的答案，或許就表示，人們因為生物天性的需求，強烈渴望找到逝世的重要他人，渴求知道這些人此時此刻（**時間**）身在何方（**空間**）。而只要我們用對方法，就能從大腦的某處找出這種現象的生物證據。

當然了，知道了在大腦虛擬地圖定位所愛之人的蹤跡對人類來說無比重要後，也帶來了其他疑問：人們尋找已逝親友的行蹤，以及探尋在世親友所在何方時，用的是同一個虛擬地圖嗎？這個地圖也儲存在海馬迴裡嗎？更重要的是，知道了他們所在何方，並且抱持著未來一定會再見到他們的信念，是否就能為失去的痛苦帶來寬慰？目前還未有神經科學方面的證據能證實這些疑問（只是還沒而已！），然而卻已經有某些研究探討了人在面對傷慟時的壓力反應與其宗教信仰之間的關聯，為以上疑問提供了一些有趣的觀點。

首先我想先讓大家知道，人在感到難過時血壓會升高，平靜時血壓則會恢復正常；因此我們可以推斷，平均來說，與其他條件相當但未感受到悲傷情緒的人相比，經歷傷慟情緒的人血壓會較高。密西根大學（University of Michigan）的社會學家尼爾．克勞斯（Neal Krause）表示，當人們因為失去所愛之人而沉浸在悲傷裡時，宗教信仰和儀式可能有安撫的效果，幫助人們面對傷痛。從血壓數值與罹患高血壓（長時間血壓過高的現象）的機率可以明顯看出這種安撫的效果。克勞斯設計了一個巧妙的實驗；研究人員找來一些日本老人進行訪談，其中有部分老人經歷過失去所愛之人的傷痛。其中歷經傷慟但相信親友死後在天上過得很好的老人，經過了三年後都未罹患高血壓；這種信念顯然保護了他們。有趣的是，這種信念無法在未經歷傷慟的日本老人身上發揮保護作用，看來只有面對傷慟的壓力、需要靠這種想法安撫心靈的人，才能藉由這種信念維持正常的血壓。

身為神經科學家，我們無須評斷抱持宗教信仰到底對不對，我們感興趣的其實是人類對社會聯繫（social ties）的看法是否會連帶影響生理與心理的健康狀態。觀察大腦後我們發現，不管是親友在世時掌握他們的行蹤，還是嘗試繼續與已不在身邊的親友維繫連結，人類大腦都會運用類似的方式處理。無論各種宗教信仰是真是假，我們或許都能透過神經科學更深入了解，大腦是如何讓人類體驗令人敬畏的人生旅程。對於那些依然在追尋已逝親友身影的人來說，什麼最能撫慰他們呢？如果能夠了解撫平傷痛的關鍵，或許就能想出更多方式幫助其他傷慟的人，讓他們的大腦與心靈在因為失去而承受龐大壓力時獲得平靜。

填缺補漏

大腦裡除了有著包羅萬象的虛擬地圖以外，還有令人為之讚嘆的預測能力。大腦大部分的皮質都是用來吸收新資訊，將其與過去累積的經驗相比較後，推測出接下來會發生的事。而正因為大腦有著無與倫比的預測能力，才會時常在接收現實情況的訊息時，自動填補未發生的情況——藉此使大腦預期出來的情節更加完整。舉例來說，人們就是因為大腦這種填缺補漏的能力，才會在看到雲（甚至是烤土司）的時候覺得彷彿看見某些人的面容。我們致力於創造出與人類一樣善於「型態完形」（pattern completion）的人工智慧，科學界現在甚至也已經能測量出人類神經細胞的預測能力了。一旦大腦接收到的資訊與預期有所不同，就算只是極小的差異，都會以特定的模式激發腦細胞；研究人員可以透過腦電圖（electroencephalogram，EEG）觀察出此現象。觀測腦電波所使用的電極帽上佈滿電極，將這些電極連接到受試者的頭上，就能看出受試者的大腦探測到某些事「不對」時所產生的電流變化，而這些電流變化與事件發生的時間只有毫秒之差；因此當你在一片漆黑之中走在家裡，屁股卻沒撞到餐桌的那一刻，大腦神經細胞產生的電流就會立刻改變。

「預測」幾乎是所有人類行為的關鍵，大腦會自動預期我們的屁股即將感覺撞到餐桌，同時將這份預測與感覺神經並未接收到這種刺激的現實狀況互相比較。然而，值得注意的是，大腦早已內建了其**認為**會感受到的現實狀況，因此會在電光石火之間快速處理接收到的感覺訊號，還會自動以預測過濾現實狀況。因此當你走過本來放著餐桌的空間時，大腦其實是真的感受到了那張餐桌的存在；**接著**大腦才注意到實際狀況與本來預期並已內建的感覺模式出現差異。請各位想像一下，某一位男性的太太多年來每天都會在六點整下班回到家，但在太太去世後，每當他在六點整聽到任何聲響，大腦就會直接以車庫門被打開的預測狀況填補現實。在那一刻，他的大腦真的相信太太回家了，而接踵而來的現實狀況就會又帶來一波新的悲傷情緒。

這種神經計算（neural computation）事件發生時機的能力，正是大腦學習的關鍵。加拿大神經科學家唐納・赫布（Donald Hebb）說過一句很有名的話：「一起受激發的腦神經，就連在一起。」（Neurons that fire together, wire together）這句話的意思是，人類的感覺（聽到聲音）與接下來發生的事（太太走進家門）會使數千條腦神經激發電流，而這些同時激發又相當靠近的神經細胞，實際上也會因此產生更多連結，使神經細胞在實際形態上出現變化。因此，彼此之間有更多連結的神經細胞下一次也會更容易一起受到激發；隨著同樣的經驗一再重複發生，大腦學會在每一次某事件發生時就激發同樣的一群神經細胞，把

「六點整出現的聲響」自動連結到「太太回家」這件事。

假如你是這位男性，此時得多花一點時間，大腦的其他區域才會告訴你太太其實已經去世了，因此不可能是她打開車庫門。而此時此刻，大腦裡既存的預測（太太即將進門）以及當下面對的事實（太太已經去世）之間的落差，就會使你悲傷、痛苦。有時候這一切實在發生的太快，根本不足以令人意識到這一連串變化，只知道突然間淚水就盈滿了眼眶。這麼說來，在深愛的親友去世後（尤其是他們才剛去世的時候），大家依然會「看到」、「感覺到」他們的存在，也許就不那麼令人吃驚了。對人類大腦來說，過去的體驗如此可靠，總是預期深愛的親友就是會在某些事件中出現的固定班底，因此大腦在接收外界訊息時，就會自動填補這些人所留下來的空白。看到、感覺到離世親友的現象真的非常普遍，也絕對不代表我們的腦袋出了什麼問題。

除此之外，大腦不會因為單一事件（甚至是發生了兩次、十幾次）就完全推翻原來的預測，因此大腦如果要改變對現實的預測，會需要滿長一段時間。大腦會計算各種事物即將發生的可能性；假如你多日、好幾週、數月、長年以來，每天早上醒來都會在身邊看見深愛的另一半，對大腦來說這就是可靠的現實經驗。而大腦看待抽象概念（例如每個人總有一天都會死去）與對待現實經驗的方式並不相同；人類大腦信任現實經驗，並會據此作出預測，因此若你早上醒來卻發現另一半不在身邊，大腦根據事件發生的可能性就會判斷另一半已離世的事實**不是真的**。即便深愛之人過世後已經過了一天、兩天、好幾天，都還是無法讓大腦相信那就是事實，因此我們必須餵養大腦足夠的全新生活體驗，它才能發展出新的預測，而這個過程需要時間。

時間流逝

無論我們是否願意，大腦都會從經驗中學習；大腦不會乖乖地等我們呼喚「嘿，Siri。」然後才開始記錄周遭發生的一切事物。它會不斷輸入感受到的所有感官訊號，建立關於各種可能性的龐大資訊，同時關注不同事件之間的關聯性與類似程度。我們通常不會注意到這各式各樣的感覺，也不會發現大腦建立的各種關聯性。這種在無意識中學習的能力其實有好也有壞，因為這個學習的過程並非你我刻意為之，因此大腦學習到的就是我們身處這個世界所面對最真實的一切可能，即便是人類日常生活中根本不會注意到的雞毛蒜皮瑣事。在重要的親友離開人世後，大腦會不斷注意到這個新的事實，並運用這項資訊來更新對於未來的預測。這也就是為什麼我們會說：時間能治癒一切。事實上，治癒一切的並非全然是時間，更重要的還是生活的體驗。假如你陷入昏迷整整一個月，大腦就無法學習，因此就算過了一個月後從昏迷中甦醒過來，你依然不知道該如何應對失去丈夫的情況。但如果你在失去丈夫後繼續過生活，即便沒做什麼一般人認為是「哀悼」該做的事，你的大腦在這一個月以後仍然會學到許多新資訊。在這段時間，你的大腦會體驗三十一次丈夫無法再和你一起吃早餐的現實；發生了好玩的事，你也會改為打電話給摯友，而不像過去和丈夫分享；洗好衣服以後，你也不再需要幫丈夫把襪子收好了。

人類大腦運用虛擬地圖來四處移動、覓食，很可能也進一步學會將其用來了解摯愛的親友所在何方。因此在面對重要他人離世時，大腦剛開始都很難理解這份失去。原本用來找到這些重要他人的向度驟然消失，你我甚至可能會一邊試圖找到他們，一邊覺得自己是不是瘋了。這也是為什麼，如果能讓自己覺得確實知道他們在哪，即便是像天堂這樣抽象的概念，都能讓我們感到安慰；如此我們似乎就只要更新虛擬地圖，加入一個自己從來沒去過的時空就能再次找到對方。不過在這樣的更新過程中，依然必須改變大腦運算、預測結果的方式，慢慢地接受令人痛苦的事實，才能逐漸不再用來自深愛親友的影像、聲音、感受填補現實中的空缺。

我希望大家記得，大腦無法立刻學會一切，就像人必須經過日復一日的練習，學會背九九乘法表、解微分方程式以後，才能從加減乘除進階到微積分；同樣的，你也無法逼迫自己一夜之間就接受深愛的人已永遠離開的事實。但你可以讓大腦好好體驗現實生活，隨著時間的流逝，你我身上那台小小的灰色電腦就能順利更新；好好感受四周的一切，吸納經驗，才能夠更新大腦裡的虛擬地圖並改變預測模式。如果希望自己能堅強面對失去親友的強烈悲痛，這會是個好的開始。

〔第2章〕追尋親密關係

孩子總是強烈地依戀照料自己的人，而在全然依賴他人照顧的同時，也慢慢認知到自己在這種親密關係中所扮演的角色。在這個過程中，孩子理解到自己的某些行為會惹爸爸生氣，這時候孩子就會感受到與爸爸之間的親密連結消失了，而大家都不喜歡這種感覺。後來孩子學會了從爸爸的角度看待自己的行為，可以預想如果在牆上塗鴉——爸爸看到自己手上拿著蠟筆，而且牆壁又被畫得亂七八糟時，絕對不會反而還深深擁抱自己。因此我們終於理解，自己的行為與和爸爸之間的關係遠近有直接關聯。從另一方面來說，我們也會發現與爸爸之間的連結及親密感，儘管在某些事件發生時會暫時改變，但仍然會不斷延續。即便爸爸為孩子用蠟筆亂畫牆壁感到生氣，但如果今天孩子在路中間玩耍，又剛好有卡車高速迎面駛來，他一定還是會挺身而出拯救自己的寶貝；或者如果孩子在拿到駕照的第一天就開父母的車出了車禍，他可能會很驚訝儘管自己把車撞壞了，但爸媽看到自己安然無恙時還是表現出鬆了一口氣、感恩孩子沒事的樣子。父母對我們的感覺隨著每天不同的情況不斷改變，但親密的依附關係通常能夠超越這一切變動，至少在有安全感的依附關係裡是如此。這種親密感有一部分是掌握在你我手裡，而我們也逐漸學會如何維持、培養與父母的親密感，同時相信深愛我們的人同樣會好好維持這份關係。

除了**空間**與**時間**的向度以外，若我們要在此時此地的當下找出所愛之人的位置，**關係**的遠近正是第三個可以用作衡量標準的向度。我會將其視為第三個向度，是因為我相信大腦運用了與處理時間與空間向度類似的方式來理解關係的遠近。心理學家將這種遠近的分別稱為心理距離（psychological distance）；我們可以用一個最簡單的方式想像這個概念，各位只要試著回答這個問題就好：你和你的姐妹親近嗎？心理學家亞瑟・雅倫（Arthur Aron）將我們與重要他人各以一個圓圈來表示，並藉此描繪人與人之間的親密程度。[7]他將這個衡量方式稱為自我涵蓋他人量表（Inclusion of Other in Self Scale）；以一個科學家來說，我覺得這種描繪方式相當詩意。

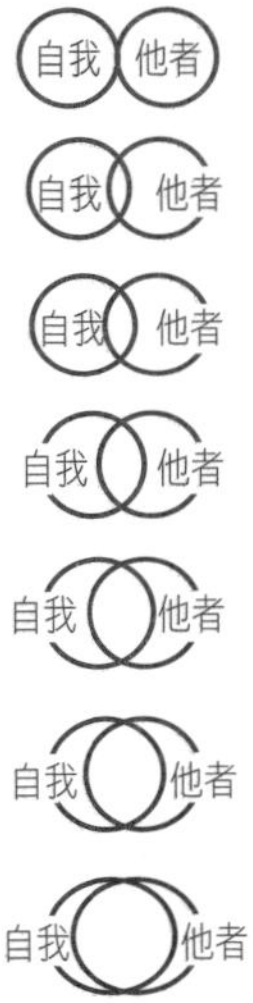

在量表的其中一端，兩個圓圈幾乎剛剛好碰到彼此地並列著；而在量表的另外一端，兩個圓圈幾乎是完全重疊，只剩下最邊緣些微的彎月型空間，顯示這是兩個不同的個體；而在量表的中央，圓圈則是各有其中一部分互相重疊。大家可以視乎自己身處的關係樣態，找出最適合的圖示來詮釋這段關係中雙方的遠近關係。以我和摯友的關係來說，我們相互重疊的兩個圓圈只有些微部分沒有重疊；而以關係遠近的另一個極端來說，心理距離帶來的疏離感也同樣強大。有時候我們即便身處在滿是家庭成員的空間裡，依然會覺得自己好像是誤入外星球的外來者，你完全不想分享關於自己的任何事，也不相信這些人有任何可能會理解自己。

就在你我身邊

關係就和空間與時間一樣，都是一種衡量的向度；正如同人類會運用時間與空間的向度來預測接下來能在何時、何地找到自己的另一半一樣，我們也可以運用心理上關係的遠近來判斷對方是否會「陪伴」我們。如果我和伴侶的關係是處於緊密的那一端，傍晚回到家以後，我就能很有信心地認為自己可以鑽進他的臂彎裡，讓他好好寬慰我，為我排解這難熬的一天所帶來的壓力；如果我們的關係有問題，我可能就只能預期兩個人會習慣性地一起坐在沙發上看電視；而假如我們最近才剛起過爭執，我可能會不理他，甚至是對他大皺眉頭，默默地警告他離我遠一點。

正因為我們會用關係遠近來衡量與重要他人的關係定位，大腦才會在這些對象過世、相應的向度也隨之消失後，難以理解到底發生了什麼事。以空間和時間的角度來看，假如重要他人不在此時此地，我們的大腦就會直接認為他們在其他地方，或是再過一陣子就會出現。對人類大腦來說，深愛的人已不在這個時空、所有向度都無法繼續使用的可能性實在太低，因此每當重要他人離世，我們可能就會覺得與對方不再親密；大腦無法相信那是因為「關係」的向度已無法繼續使用在對方身上，可能反而會相信眼下的情況是因為對方生我們的氣、疏遠我們所導致。當摯愛的親友不再回應你我，即便我們理智上知道那是因為他們已無法回應，大腦還是會相信那只是因為自己付出的努力不夠、表現得不夠急切，才無法找到他們、摯愛才不願意回到我們身邊。

人間蒸發

與關係緊密正好相反的，就是人間蒸發的狀況了；這種搞失蹤的情況會令人心中警鈴大作、情緒大受影響，也讓我們意識到自己有多懷念關係親近時的那種平靜與安適。突如其來、意料之外的搞失蹤，更是令人緊張。前一陣子，我有個朋友和住在國家遙遠的另一端的對象談起了遠距離戀愛；幾年前他們還是同事，也漸漸成為朋友，而在我朋友搬家以後他們透過電子郵件繼續保持聯絡。後來他們兩個人都恢復單身，彼此之間的對話也變得越來越親密，每天你來我往地不斷互發訊息；結果有一天，毫無預警地，對方再也不回應了。不管是電子郵件、訊息、解釋，什麼都沒有，我朋友毫無頭緒到底發生了什麼事。兩人之間的距離在一夜之間從親近又緊密變得令人費解地遙不可及；突然結束關係，同時莫名其妙地斷絕所有聯絡，這種行為在現代世界甚至還有了專屬的名稱：人間蒸發。

除了為朋友的心痛感到無比同情以外，我也對她的強烈情緒感到驚訝。當然了，她因為這件事非常受傷，而且每提到這件事就哽咽；不過她同時也對那傢伙怒不可抑，寄了許多充滿憤怒的電子郵件給對方。她說自己只是想要一個解釋，也指責對方這種行為實在是有夠渣。想當然爾，她花了大把大把的時間在猜可能發生了什麼事；即便不管怎麼想都找不出蛛絲馬跡，她依然不斷猜想是不是自己做了什麼事惹惱對方？還是他在分享內心的感受後覺得過於赤裸，以至於無法再面對她？

很自然地，猜到了某一個程度後，我們也開始思考他或許是出了嚴重意外、不幸身亡。雖然後來我們知道了其實不是這麼一回事，但這個想法也讓我理解了一件重要的事——面對深愛的人去世，除了悲傷以外，你可能還會感受到許多其他強烈的情緒。我們可能會覺得悔恨、感到罪惡、滿心憤怒，也可能產生我們稱為社會情緒（social emotion）*的感受。在潛意識中，我們可能會覺得對方「人間蒸發」、搞失蹤，感受到那種很想做點什麼來改變狀況的強烈憤怒與罪惡感。如果這些重要他人還活著，強烈的情緒會促使我們努力修復關係——道歉、彌補，或是傾訴自己有多難過，希望對方和我們合好；但是如果對方已經去世，我們就再也沒有機會解決問題。

看著朋友經歷這麼痛苦的分手過程，為我帶來了重要的啟示。如果大腦無法理解像死亡這樣抽象的事情，那麼一旦重要親友去世，大腦就無法理解他們到底跑去哪兒了，也不懂為什麼他們**此時**不在**此地**，也不再與我們那麼**靠近**。對大腦來說，深愛的人去世就跟他們人間蒸發了一樣；大腦覺得這些人並沒有死去，而是在毫無解釋的情況下再也不回電話——完全斷絕聯繫。如此重要的人怎麼可以這樣對待我們？他們變得如此疏遠真是可惡，這一切都令我們憤怒，而大腦則覺得無比困惑；它無法理解過去可以用來衡量的向度為什麼突然消失了。無法感受到和重要他人之間緊密的關係，那就代表你們疏遠了，你也

* 譯註：指取決於他人思維、感情、行為而產生的情緒。

因此會試著努力彌補，而不是轉而相信深愛的人永遠離開的事實。這種（錯誤的）信念正是導致各種強烈情緒湧現的肇因。

憤怒

人在哀悼時，悲傷或許是其中最容易理解的情緒了。我們失去了某些人，因此也不難想像這會令你感到難過。假如我們從幼兒手中拿走他的玩具，或是寶寶的媽媽離開了，毫無意外地他會皺起臉、哭得彷彿心要碎了一樣。我們會為失去感到難過非常正常；不過長久以來，我發現在面對悲傷的過程中，人們通常會感到強烈憤怒，這一點令我很在意也實在想不透。為什麼這些人這麼憤怒？到底是對誰感到憤怒呢？有時候這些怒氣是直接針對那些死去的人，但除此之外也可能是對各式各樣的對象感到憤怒，例如醫生、甚至是上帝。這股憤怒與我們對逝者的那股怒意有點不同；你從幼兒手中搶走玩具，他可能會憤怒地尖叫大哭，而你因為看見小寶寶實在太難過，就會趕快把玩具還給他——但沒有人能把已經死去的摯愛還給我們。

摯愛之人成了逝者以後，我們無法再次感受對方就在自己身邊，又覺得他們好像是故意忽略自己的存在，讓我們對原本深信的一切都產生疑問。就跟我朋友面對她的對象人間蒸發之後一樣，在這段關係死去以後，我們依然在每通電話裡不斷猜測可能的原因。為什麼會發生這種事？有什麼辦法可以阻止這件事發生？事實上，面臨哀悼過程的人大多都會反覆思考同樣的問題，而這種覺得自己也許能／本可以／本該如何又如何的無限循環真的會令人心力交瘁。

為逝者哀悼時，人會感到悲傷或憤怒並不單單只是為了對方逝去的這件事，而是因為對方的離世對我們來說彷彿有什麼東西突然被奪走了。在某些情況下，我們會對自己的「失敗」感到傷心或生氣，怪罪自己無法維持與所愛之人的緊密關係；不管我們覺得這是自己的錯，還是逝者的錯，事實都同樣令人痛心。大腦直接認定逝者是人間蒸發、對我們搞失蹤，這種信念確實沒什麼道理，而我們也的確知道為了這件事怪罪逝者太莫名其妙，怪自己沒有看牢他們也於事無補；但正因為大腦有時候會認為已逝之人就在別的某個地方，我們才會產生尋找他們的衝動，而大腦也相信只要修補與逝者的關係，我們總有辦法把他們帶回身邊。

大腦存在關係向度的證據

心理學家與腦神經科學家長久以來一直在研究，大腦裡辨別空間、時間、關係這幾個向度的衡量尺度有什麼差異。其中一項在二〇一〇年由心理學家雅可夫・特羅普（Yaacov Trope）和尼拉・利伯曼（Nira Liberman）在臺拉維夫大學（Tel Aviv University）提出的理論就是「解釋級別理論」（construal level theory）。這個理論的內容是，假如某些人不存在於我們的當下現實（immediate reality），可能是因為物理距離、時間、社會距離（social closeness）這幾個不同的原因所致。[8]人類大腦會形成抽象概念或解釋來推斷這些人可能身在何方，因此即便我們的各種感官並未直接感覺到對方的存在，卻依然可以運用預測、記憶、推測來想像出對方的狀態；這些心智表徵（mental representation）*對我們來說會成為超越當下現實狀況的存在。

解釋級別理論也認為，大腦會運用各種不同的向度（距離、時間、親密程度）來解釋某個人消失的原因，就像我在前文將向度的概念用於追蹤生活中的重要他人一樣。人類在心中創造屬於父母、配偶的心智表徵時，會納入對方與自己心理距離的向度，在進行預測時將彼此關係緊密這項條件納入考量。所以我們才能夠很有自信的預想，就算與我們關係親密的人不在本來預期的那個地點，他們也會主動打電話來告知行蹤，或是根本就已經回到家了。另一方面，我們則不會預測和自己關係不那麼親密的人有這些行為；就像我們不會預期老闆打電話來交代他今天為何沒進公司上班，也不會預期經常光顧的咖啡店店員主動聯繫詢問我們最近為何沒有出現。

解釋級別理論認為，大腦辨別**地點**、**時間**、**關係**這幾個向度的方式十分類似，甚至人們在描述這幾個向度的狀態時，也會交互使用類似的詞彙。例如我說「很遠」，別人可能會理解為時間上的很遠（距離約定的時間還很遠）、空間上的很遠（球在球場的遠處）、某個人與我們心理距離很遠，或是與團體中的其他人沒什麼連結（我們今天遇到的那傢伙感覺很疏遠）。

大腦或許是運用某個同樣的腦區，以類似方式處理這幾個不同向度的概念。幾個二〇一〇年代的神經成像研究支持了這項說法；為了證明這個論點，實驗人員讓受試者在磁振造影的儀器裡瀏覽不同的照片。[9] 其中一組照片呈現了球道上位於不同距離的保齡球；另一組照片上則有用來描述時間的各種詞彙，例如「幾秒後」及「幾年後」；最後一組則是受試者親密好友或不熟的人的照片。讓受試者看完這三組照片裡的每一張後，實驗人員請他們判斷這些事物的距離遠近。令人印象深刻的是，受試者們用來辨別這幾組照片的「遠」、

＊譯註：指實際上並不存在於感官中的各種事物的心理意象；人類心靈中經常存在各種人物、物體、事件、環境的意象。

「近」概念的是同一個腦區。我知道有些人熱愛熟知各種腦區的名稱，這個腦區就是頂下小葉（inferior parietal lobule，IPL）。這就表示，人類腦神經確實會辨別不同向度的距離，然而無論是要解析時間、空間還是心理距離，大腦都運用類似的方式處理。或許對各位來說，大腦分別用三個不同的腦區處理時間、空間、心理上的距離遠近才是比較合理的做法，不過對人類大腦來說，顯然把距離的概念都劃分到同一個腦區處理才是比較有效率的方式；畢竟不管是時間、空間還是心理上的距離，都有類似的衡量尺度。

另一項神經科學家莉塔・塔瓦拉斯（Rita Tavares）與丹妮拉・席勒（Daniela Schiller）合作進行的研究也相當出色；她們藉由神經成像觀察大腦如何記錄心理上的遠近距離。塔瓦拉斯請受試者在實驗過程中玩「自選歷險遊戲」（choose-your-own-adventure game），並同時掃描受試者的大腦影像。[10] 各位或許記得小時候玩過《自我歷險叢書》（*choose-your-own-adventure books*），遊戲過程中由你扮演主角，一路按照書中提供的選項進行選擇，並翻到與選擇相對應的頁數讓故事繼續進行下去。在塔瓦拉斯的神經成像研究中，每位受試者都一邊扮演歷險的主角，一邊接受神經成像掃描。在其中一種情節裡會出現新角色奧莉薇雅，她會建議你開車繼續進行歷險。受試者可以選擇自己開車，讓奧莉薇雅負責指引方向；或者假如受試者無法信任奧莉薇雅為自己指引方向，但又不知道接下來該往哪裡去，那麼也可以選擇讓她負責開車。還有另一個情節是奧莉薇雅想要擁抱受試者，受試者可以選擇拍拍她的背來回應，或是給她一個深長的擁抱；一切選擇都視乎受試者在故事旅程中與她建立的關係緊密程度而定。

研究人員藉由為受試者做神經成像，測量受試者（故事主角）與遊戲中其他角色的心理距離，量化了他們與故事角色之間的親密度。在進行神經成像的過程中，隨著受試者在故事中做的不同選擇，與各角色之間的心理距離也隨之變化。研究人員接著利用幾何學計算遊戲過程中受試者與各角色之間的緊密程度究竟改變了多少；隨著受試者與遊戲中某個角色建立越來越緊密的關係，研究人員得以計算出受試者心理距離縮短的實際數值。令人驚喜的是，研究結果證實了科學家的預測；人類大腦裡確實有一個部分是用來追蹤與其他人物的關係，藉此判斷誰成為了「自己人」，誰又隨著遊戲的進行慢慢超越受試者在故事裡的地位，最後在遊戲結束時成為所謂的「高層」而與受試者變得疏離。大腦負責處理與其他人**關係**遠近的區域是後扣帶迴皮質（posterior cingulate cortex，PCC），在第四章我會帶大家更深入了解這個腦區。總之，受試者與故事角色之間的心理距離會以神經激發模式記錄在後扣帶迴皮質裡。除此之外，大腦會運用海馬迴獨一無二的能力進行社交導航（social navigation），定位出這個角色最後在社會空間（social space）*所處的位置，而這種導航能力與大腦運用虛擬地圖進行空間導航（spatial navigation）的方式十分相近。雖然我自己就是神經科學家，卻依然為人類神奇的大腦竟能夠用如此別出心裁的方式發展神經地圖、即便是在抽象空間也能藉此判別與他人之間的心理距離感到驚奇。

這項研究證明，人類與重要他人之間的關係遠近不斷變動，也讓我們了解此判別能力在大腦裡實際存在、有相應的實際構造。人類運用後扣帶迴皮質來判斷與他人關係的遠近變化，再進一步將此感受傳遞至我們的意識層面。後扣帶迴皮質就像數據分析師一樣，藉由大腦的感覺受體接收來自周遭世界的數百項細微資訊進行判斷；同時也像警探一樣，將關於犯罪案件的所有蛛絲馬跡都張貼在線索板上，在所有嫌疑犯之間用紅色的絲線互相連結。後扣帶迴皮質會不斷更新自己與他者之間的關係，假如和某個人感覺更親密了，就縮短板子上的紅線；假如感覺疏離了，就把這條線拉長。然而在你我的摯愛親友過世時，傳進大腦裡的訊息霎時間似乎全都亂了。有時候我們發自內心地覺得無比貼近逝者，彷彿對方就在**此時**、**此地**，就在你我身邊；然而其他時候那條原本緊緊連著我們和逝者之間的線，彷彿直接從板子上脫落了——不比過去更長，也沒有縮短，而是全然地消失了。

親密感與連結的延續

深愛的親友去世後，原本關係裡那份親密感就隨之轉變，而因為人與人之間的每段關係都獨一無二，所以每個人得面對的轉變也都不同。哥倫比亞的精神病學家凱西・席爾（Kathy Shear）表示：「摯愛逝去後，悲傷就會成為愛的另一種形式。」[11]世界上有許多文化認為，逝者已逝，生者應該放手、面對現實；也有些文化認為歷經傷慟、失去親友後，我們應該繼續維持與逝者的關係、繼續與他們交流，甚至有某些儀式能使逝者以祖先的形式永遠存在。心理學的領域稱這種關係為持續性連結（continuing bond）；每一段生者與逝者的連結都是世界上絕無僅有的獨特聯繫，與我們進行研究訪談的對象就曾平靜地向大家分享與已逝摯愛之間的親密時刻。其中一個例子是失去了丈夫的年輕女性；夫妻兩人都相當熱愛音樂，而在丈夫過世後，她聽到的每一首歌都令她感受到與丈夫之間的連結。她回想有一次在午後開車回家，廣播裡播出的每一首歌似乎都和丈夫有某種關聯，這種感覺就像丈夫一路為她播放音樂、陪她回家，令她情不自禁地微笑，而這份連結的延續也令她感到

＊譯註：指人與人聚集和互動的實體或虛擬空間。

寬慰。

曾經有一段時間，以西方臨床醫學的角度來看，與逝者繼續維持關係正是走不出悲傷的象徵，必須完全切斷內心與逝者的對話，才能夠與其他依然在世的重要他人建立更強韌的連結。然而晚近研究指出，這種存在於內心的關係會以各式各樣的形式存在，許多人確實能夠自我調適，繼續與逝者維持連結。一位喪夫的女性曾告訴我，她每次跟正處青春期的兒子對話，都能感受到去世的丈夫在心裡幫助她找到正確的方式與兒子溝通；還有另一名女性表示，她會寫信給過世的丈夫，問他各式各樣的問題、徵詢他的意見。持續性連結不僅透過對話存續，或許也能夠傳承逝者的心願與信念。目前為止，我們還不知道是否真的能在人類大腦裡找到這種持續性連結帶來的親密感，不過或許在未來的某一天，科學界會研究出這種親密感是如何透過神經細胞運作。

連接關係的結

無論是與在世重要他人的依附連結，還是離世後繼續留存的持續性連結，都是促使我們不斷尋找重要他人的無形聯繫，也使我們為重要他人的存在感到安心。我們與墜入愛河的對象也會發展出這種連結——大腦釋放神經化學物質、身體受到刺激，都是人類在愛情中會產生的反應。不過從另一個角度來看，談戀愛或是發展長期關係，就是自我與他者的身分逐漸重疊的過程——慢慢將他者納入屬於自我的那個圓圈裡，一步一步成為重疊的兩個圈。

各位也可以將這個過程想像成兩者擁有資源的結合，因此我們會慢慢覺得，我的就是你的、你的就是我的。配偶之間互相依附的長期關係與一般的交易關係不同；我們與同事或交情普通的人之間存在交易關係，彼此會衡量自己是不是在關係中比對方投入了更多時間、精力、金錢、資源，也會計較得到了多少回報；然而如果是互相依附的關係，彼此都會樂意盡己所能地在對方需要時伸出援手。例如其中一方如果生病了，另一個人就會支持、照顧對方，或者是無條件相信對方、維護對方的聲譽。在健康且對等的依附關係中，我們做這些事不是為了追求相應的回報，而是出自於愛與關懷的自然表現。研究也證實，在關係中無私付出對於付出或是接受的人來說，都有促進健康的益處。

說到結合彼此的資源，最好的例子就是兩個人在長時間同居以後，就不會再區分沙發到底是誰的了；這一點也不僅可以用在物品上，彼此之間也會感覺到兩個人的自我認同漸漸完全疊合。例如可能已經記不得當初那趟完美旅程、一起經歷的快樂體驗到底是誰提議的；也可能會在轉述故事給朋友聽時，搞不清楚某次對話裡到底是誰講了那句超妙的話。

彼此擁有的資源漸漸融合在一起時，兩個人的自我也互相重疊了，「我們」的存在變得比「你」或是「我」更加重要。談戀愛時伴隨而來的就是這種資源與自我都快速水乳交融的過程，即便我們可能沒有意識到關係的發展原來是這麼一回事，這個過程依舊令人心花怒放又興奮難耐。然而同理，假如失去了對方，原本互相交融的一切就會急遽退縮；失去了那個重要的人，你可能會質疑自己到底是誰，活著是為了什麼。失去了孩子的母親，還是母親嗎？失去伴侶的感受也可能令人覺得再也無法自己一個人走下去。遇到了以前說好要一起做的事，如今卻只剩自己一個人形單影隻，可能會令你感到悵然若失、手足無措；每天傍晚回到家，卻沒有人可以分享一整天的日常瑣事，感覺就好像當天的一切都沒發生過一樣。

曾經有某個人是填滿你我依附需求的存在，成為我們活在這世界上自我認同的一部分；失去了這個人，隨之而來的悲傷就令人萬分痛苦。除此之外也有其他情況的性質相當類似，同樣會令我們感到悲傷。離婚（或是分手）的失落顯然與上述的感受相當類似；而不管是退休還是被裁員，失去工作同樣是失去了一個人存活於這個世界上的某種身分認同。失去健康、失去四肢、失去視力——這些都會令人喪失某些身體功能，也失去了某一部分的自我。雖然我認為悲傷使大腦產生的神經化學作用，本是演化來應對重要他人的死亡，然而其他性質類似的失落體驗也同樣可以應用這種應對機制，我們也因此能夠了解心中的那股情緒就是悲傷。

為名人逝去感到悲傷

若我們是因為失去親密關係而感到悲傷、憂鬱，那麼為何某些你我實際上根本不認識的名人去世時，也會令人感受到強烈的悲傷呢？麥可．傑克森（Michael Jackson）當年在加州大學洛杉磯分校附屬醫療中心（Ronald Reagan UCLA Medical Center）去世，離我的辦公室只隔一條街；各位也許都還記得，當時街上的人行道放滿了鮮花、絨毛玩偶和卡片。放眼近期，演員查德維克．博斯曼（Chadwick Boseman）英年早逝，在網路上為他逝世感到悲傷的人空前絕後地多。根據我前文所述，依附連結的存在是失去某個人而感到悲傷的關鍵，然而人們會因為一個從未實際碰面、認識的人去世而心痛哀悼，似乎不合常理。

這種悲傷就是**擬社會悲傷**（parasocial grief）；人們會為了名人死去而無比傷心失落這件事並非只是口耳相傳、毫無實據的說法。人類會活在大腦的虛擬現實裡，腦袋瓜裡也充滿了關於這些名人生活的種種細節；現代人有各式各樣的管道可以知道明星名人的生活風格與價值觀，大家也很清楚他們的交友圈和感情狀態，甚至還知道他們的個人喜好。了解這些資訊不見得就足以令人與名人建立起依附關係，然而回頭想想建立依附關係的先決條件，就不難想像你我和那些知名音樂人、社交名人的關係或許在某種程度上也符合形成依附關係的標準。首先，對方必須得符合我們的依附需求，在我們覺得心情最黯淡、需要有人依靠的時刻，提供心靈上的支持。大家應該都曾經狂看最愛的演員（對我來說這個人是吉蓮・安德森〔Gillian Anderson〕）演出的影集，藉此暫時逃避令人痛苦的殘酷現實吧？有好幾年的時間我隨身都帶著隨身聽，裡面放著《小地震》（*Little Earthquakes*）*的卡帶，伴我度過寂寞、悲傷、難以忍受的時刻。人類在心中與心儀的名人於心靈上、情緒上產生交流，這種連結或許因為與同好、歌迷們一起跳舞、尖叫，甚至是因為酒精與藥物的影響而加強；這種交流的強度甚至足以匹敵我們花費大量時間與重要他人建立的依附關係。

要形成依附關係還得有另一個條件：除了相信對方無論如何都會陪伴在自己身邊以外，那個人還得是與世界上所有人都不一樣，對我們來說獨一無二的特別存在。麥可・傑可森去世後，有個朋友告訴我，身為在一九八〇年代長大的年輕黑人男性，你要不是麥可・傑克森的粉絲，就是王子（Prince）的歌迷。走在學校走廊上，總是聽得到有人在討論到底誰比較厲害，而無論如何你一定會屬於其中一派。我們選擇了要喜歡哪個名人，選擇了令我們產生認同的那個人，同時也深信這個人就是世界上最有才華、最性感、最棒的人。大家特別容易對音樂人產生親密感——這些才華洋溢的人在歌詞裡說出了別人都無法說出的話，令聽眾對他們產生信任。在某種程度上來說，我們會覺得對方「屬於自己」；因為這些歌詞說出了個人內心的感受，那些最難以宣之於口的心情，讓人覺得這些音樂人似乎也認識自己。要不是對方真的深深的了解我，要不是真的在對我訴說心情，他們又怎能寫出如此符合我心境的歌詞？因此，這些明星的殞落使大家不僅失去了用來定義自我的對象，也令我們為那段再也無法回去的時光感到悲傷。我們彷彿失去了一部分的自己，這種悲傷無比真實。

失去一部分的自己

為研究進行面對面訪談時，我時常問剛剛歷經喪親傷慟的受訪者一個問題，並且以心理量表衡量這些受訪者的悲傷程度。我永遠也忘不了其中一位受訪女性的反應，她一聽到我問：「妳是否曾覺得丈夫的死亡也帶走了一部分的自己？」就立刻睜大雙眼盯著我，臉上的表情寫著「**妳怎麼知道？**」，然後她說：「真的，就是這種感覺。」

---

* 譯註：歌手多莉・艾莫斯（Tori Amos）於一九九二年發行的首張專輯。

假如心理上的親密感真能讓我們覺得離另一個人那麼靠近，彷彿自我完全與對方疊合，大腦一定也必須處理相應的訊息，計算出自我與對方到底有多少部分重合。各位可以想像在一條多線道的路上開車，你人正好就在車道正中央駕駛著車子——但這句話說來其實並不精確；由於駕駛座靠左，所以實際上只有車體是真正走在車道中央，而不可能是你的身體。駕駛經驗豐富的人很快就能延伸「體感」至整台車，在感覺到自己在道路正中央行駛時，不會特別意識到身體其實是在車輛的左側。開車時，人的意識會使身體與車子合為一體，而大腦也會同時計算這種自我與其他人事物疊合的情況。

處在哀悼過程的人時常形容自己彷彿失去了身體的一部分，就好像出現了幻肢一樣。許多截肢過的人都會有幻肢的現象；舉例來說，即便這些人的手臂已經被截肢了，有時還是會覺得手臂癢癢的。這種現象過去被認為完全是心理作用，但科學研究結果已證明這種感受實際上是來自於神經活動的影響。研究人員認為，人類在截肢後，大腦裡原先包含了全身肢體的身體圖像已與我們的周邊神經感知不符[12]，因此即便截肢的部位已經沒有能夠激發的感覺神經，大腦卻因為來不及更新資訊而導致身體感覺依然存在；這種現象時常導致患者極大的痛苦。

大家可能以為人們在歷經深愛之人離世時，嘴裡說著「失去了一部分的自己」只是一種比喻，但從實際現象來看，這些逝者的表徵（representation）其實都已經被神經細胞記錄下來，就像人體各部位的表徵也都儲存在大腦裡一樣，才會以幻肢的形式繼續存在。這些自我與他者的表徵以及兩者之間的心理距離，就成為大腦用來衡量關係遠近的向度。因此，哀悼的過程不僅僅是一種譬喻性的心理歷程，更需要大腦花時間同步更新訊息才能完成。

鏡像神經元

自我與他者之間的神經編碼（neural coding）*會產生重疊，正是人與人之間確實存在關係向度的證據，這項證據也透過另外一系列的科學研究獲得驗證。顧名思義，鏡像神經元（Mirror neurons）這種神經細胞同時會受到個體本身與他者的動作激發；一九九〇年代，研究人員在大腦的前運動區（premotor region）及另外其他幾個腦區找到了鏡像神經元。我們能夠在人類進行模仿時，透過自我與他者之間的比對發現這種神經激發模式重疊的現象[13]；假如我們讓猴子觀察人類手部的動作——例如抓一根香蕉——這隻猴子的某些神

＊譯註：為神經科學相關的研究領域，研究外界刺激與特定神經細胞或神經細胞組合之間的電生理學關係。

經細胞就會在觀察人類抓香蕉的動作時受到激發，其激發模式就跟猴子本身抓住香蕉時一樣。換言之，人類看到其他人與自己做出相同的動作時，原本自己做該動作會受到激發的神經元便會替代性地受到激發。

儘管許多科學家對鏡像神經元都相當感興趣，現有的神經成像技術卻還不夠進步，無法逐一探測人類身上每一個鏡像神經元，並獲得高解析度的成像。藉由人類神經成像，我們只能觀察各個腦區和各種神經細胞的數量；而以猴子做研究對象，科學家才能夠以侵入性的紀錄方式來探測每個神經細胞的激發現象。因此目前為止只有一項關於人類鏡像神經元活動的研究報告，是從接受腦部手術的病人身上記錄下來的電流訊號。雖然來自人類的科學證據如此稀少，但畢竟獼猴與人類是十分相近的靈長類動物，兩者的神經系統運作方式實在沒理由截然不同。

不過一個人無論與另一個人關係有多緊密，人類依然能夠分別自我與他者。研究人員以靈長類為研究對象進行實驗，讓兩隻猴子各自握著一根香蕉；先請各位把猴子一號的腦神經細胞想像成一張文氏圖，左邊的圓圈代表猴子一號想著自己握香蕉的動作時會激發的神經細胞，右邊的圓圈則代表猴子一號想到猴子二號握香蕉時會激發的腦神經細胞。這兩個圈圈會有一小部分互相重疊，代表猴子一號想到自己握著香蕉和想到猴子二號做同樣的動作時，有某些相同的神經細胞會受到激發。這些同樣受到激發的神經細胞顯示了猴子對於自我與他者的身分認知有部分重疊，也和他者有共同經驗；然而兩個圈圈畢竟還是有未重疊的部分，也就表示猴子一號確實清楚自己與猴子二號的行為還是有所分別。我們從關係緊密的人類之間也能觀察到這種現象。

同理關懷（Empathic Concern）

大腦神經系統使人類感受到與他人關係緊密，而大腦神經運作的機制也包括了如鏡像一般反映他人的行為，讓人類能對他人的行為感同身受。我在前文已運用這些神經科學研究結果來解釋人們的自我與重要他人互相重疊的感受，以及人類在面對重要他人離世會產生的反應。此外，這個概念也能用來解釋，我們身邊有人正在哀悼時，自身同時會產生的情緒。假如身邊的朋友一邊哀悼親友的逝去，同時慢慢適應一部分的自我永遠離開，這些情緒通常會深深影響關心他們的人。

大家要是知道悲傷的情緒多麼具有感染力，大概都會大吃一驚。人類可以共感其他人的情緒，使自己產生同樣的感受。藉由觀察人類的雙眼，我們找到這種現象的科學證據；人類的雙眼不僅是靈魂之窗，更是觀察情緒的關鍵。英國精神病學家雨果・克里奇利

（Hugo Critchley）和尼爾・哈里森（Neil Harrison）進行了一項研究[14]，讓自願受試的學生們觀看帶著快樂、悲傷、憤怒等情緒的人臉照片；不過受試學生們並不知道，這些人臉照片的瞳孔大小都已透過數位技術調整（調整幅度在實際生理現象的範圍內）。結果顯示，照片中的瞳孔被調整得越小，受試學生就會判斷該表情的悲傷程度越強烈。人臉照片中的瞳孔大小對於受試學生判斷悲傷程度來說有明顯影響，這一點對於悲傷的感染力來說，是相當重要的支持證據。那些對於瞳孔大小特別敏感的人，也會展現出更高的同理心；以瞳孔計測量後發現，照片裡悲傷人臉的瞳孔收縮得越小，受試學生本身的瞳孔也會收縮得越多。被觀察者的瞳孔大小會確實影響觀察者的情緒與生理表徵，這種情緒的感染力甚至可以在人們不知不覺的情況下產生；實驗中的受試學生根本不知道自己的瞳孔大小會因為照片中的差異產生變化。人類似乎生來就會受周遭他人影響、能敏感察覺他人的情緒——換句話說，大腦神經系統構築出的心理距離向度，是我們與生俱來的能力。

然而情緒感染力也可能會有負面影響。假如猴子的大腦裡只有鏡像神經元，牠就無法分辨到底是自己還是另一隻猴子的手裡拿著香蕉；而以人類來說，能夠感受到親近之人的所有情緒實在令人難以承受，很可能因此在對方難過或生氣時選擇遠離他們。不過現在科學家已經確實分別出同理（empathy）與關懷（compassion）之間的差異；「關懷」除了敏感察覺他人的感受以外，還會有關心他人身心狀態的衝動。來自芝加哥大學的神經科學家尚・德賽迪（Jean Decety）提出了解釋，認為「同理」其實分為三種層面：**認知觀點取替**（cognitive perspective taking）、**情緒同理**（emotional empathy）、**關懷**。

認知層面的同理就是能夠從他人的觀點看待事物，其中並不牽涉到情緒；假如你和另一個人面對面坐著，你會知道對方看不見自己背後的景象，這時候如果有人從他背後走過，你就會提醒他有人來了。這種從他人觀點看待事物的能力，正是認知層面的同理。情緒同理則是另一回事，指的是能夠共感他人感受的能力；舉例來說，假如你和朋友同樣在等待升遷，結果只有你升官了，可能就會因此對朋友感同身受；雖然你確實很高興自己獲得拔擢，卻也能夠了解對方的失望。最後則是超越了單純同理他人的關懷；站在他人的觀點看待事物、同理對方的感受，進而產生幫助或安慰對方的衝動。

經歷傷慟的人失去了原本能用在重要他人身上的**空間**、**時間**、**關係**向度，因此可能會產生強烈的情緒起伏，也或許會感到麻木。如果此時此刻身邊陪伴的朋友能夠付出關懷，儘管哀悼者與已逝親友之間原本交疊的「我們」已經被死亡撕裂出無法填補的大洞，陪伴者仍可以用關懷緊緊包圍這個大洞，在哀悼者開始重建生活時支持他；如此至少能夠陪伴這些傷心的人度過人生天翻地覆、心頭充滿困惑的時刻，而這也是我們接下來要討論的主題。

〔第3章〕信念的神奇力量

幾年前，我有位年長的同事過世，我在他過世後的幾個月裡花了一些時間陪伴他的遺孀。那位同事是研究睡眠的重要學者，時常為參加世界各地的學術研討會而四處旅行。有一次和他的遺孀吃晚餐時，她一邊搖頭一邊告訴我，她實在對丈夫已經離世這件事沒有真實感，她感覺丈夫好像只是又出門旅行了，隨時都會再次從家門走進來。大家大概都聽過正在哀悼失去的人這麼說，不過這並不是因為產生了幻覺，畢竟這些人通常同時也會說自己確實知道對方已逝；他們並不是因為太害怕悲傷的情緒而拒絕接受現實，也不是在否認真相。還有另一個抱持這種信念的知名案例，也就是瓊．蒂蒂安（Joan Didion）的著作《奇想之年》（*The Year of Magical Thinking*）。蒂蒂安在書中寫道，她實在無法把已逝丈夫的鞋子送出去，因為她覺得「他或許有一天還穿得到。」為何即便理智上**知道**事實，我們卻還是**相信**那些已經離開人世的重要他人終究會回到自己身邊呢？從大腦的神經系統就能推斷這種矛盾現象從何而來，因為大腦神經系統會創造出不同層面的資訊，並傳輸到人類的意識裡。

如果深愛的人不見了，大腦會預設這些人只是當下不在我們身邊，之後一定還找得到他們；對大腦來說，對方已經不在這個世界上，**空間**、**時間**、**關係**的向度都已不再適用的概念根本就不合邏輯。我在第五章會再從神經生物學的角度向大家解釋，為何人類會**渴望**找到離開的重要他人；在本章我們要探討的議題則是，為何我們**相信**自己終究找得到這些逝者？

演化的貢獻

心理學家約翰．雅徹（John Archer）在他的著作《悲傷是什麼》（The Nature of Grief，書名為暫譯）裡提出，正因為演化的強大力量，人類才能在明知道事實並非如此的情況下，依然相信所愛之人終究會回到自己身邊。人類物種發展的早期，相信配偶會帶著食物回來的個體會持續待在子代身邊，而這些孩子也因為有正在等待配偶回家的父母貼身保護，才更有機會存活下來；我們在動物世界裡也能觀察到這種現象。在《企鵝寶貝》（*March of the Penguins*）紀錄片裡，皇帝企鵝爸爸在南極的嚴酷環境下負責孵蛋，等待企鵝媽媽從冰凍的大海裡覓食回家。企鵝爸爸保護這些蛋的決心十分驚人——公企鵝能夠維持約四個月的時間不進食，一心等待配偶回來。附帶一提，同性配偶關係的企鵝伴侶也是同樣優秀的家長；中央公園動物園（Central Park Zoo）的公企鵝伴侶羅伊（Roy）和塞隆（Silo）就孵出了一隻可愛的小企鵝探戈（Tango），並且成功將牠養育長大。[15]

無論企鵝家長究竟是公是母，最重要的是其中一方必須維持信念，相信配偶即便在極地消失了很長一段時間，依然會帶著食物回到自己身邊。假如原本應該待在原地保護企鵝蛋的一方認定伴侶不會回來，自顧自地到海裡捕魚，這些蛋就無法成功孵化，也可能導致幼雛死亡。那些始終維持信念，相信伴侶會回來而靜靜等待的企鵝，更有可能成功將蛋孵化或將幼雛扶養長大。在影片中，我們可以看到在上千隻的企鵝中，覓食回家的企鵝媽媽必須透過企鵝爸爸獨特的叫聲找到伴侶。這些企鵝克服了數不盡的種種困難，動物的天性實在令人讚嘆。

是什麼讓企鵝願意為了待在下一代的身邊而絕食？這種依附關係究竟是如何運作？企鵝伴侶之間無形的連結是如何形成？企鵝伴侶之間的緊密關係實在令人心醉。繁殖季剛開始時，成雙成對的企鵝伴侶會互相交頸纏繞，對彼此發出求偶的叫聲；此時牠們的大腦也開始出現生理變化，在腦神經深深烙下了對伴侶的記憶，留下明確的標記，這樣牠們就不會忘記伴侶的樣貌、氣味、叫聲。在企鵝的大腦裡，伴侶不再只是隨便一隻企鵝了，而是**最重要的那隻企鵝**。企鵝伴侶離開彼此身邊，一方覓食、一方孵蛋的時候，牠們腦中對於伴侶的印象已不僅僅是一般的記憶，同時還帶著某種信念或動力——「我要等他回來，他就是那個特別的存在，是專屬於我的存在。」在人類身上亦然，因為**你的所愛之人存在於世上**，大腦裡的某些神經細胞才會同時激發，某些蛋白質才會在你的大腦裡以特別的方式折疊。也正因為你的所愛之人曾經那樣活生生地存在於世上，正因為你們曾經如此相愛，他們才會在死去後卻依然存在——活在你的腦神經細胞裡。

靈長類的悲傷

雖然用《企鵝寶貝》來說明動物相信深愛的伴侶一定會回到身邊確實活靈活現，但迪士尼電影總歸還是沒辦法拿來當作科學證據。人類畢竟不是由企鵝演化而來，因此我們可以觀察和人類有共同祖先的物種，從牠們的行為找出演化的證據。黑猩猩正是與人類最相近的物種，都是由人猿演化而來。

世界上有好幾個黑猩猩族群成了科學研究的觀察對象，例如珍·古德（Jane Goodall）記錄的岡貝（Gombe）黑猩猩族群就相當知名；另外還有京都大學靈長類研究所（Kyoto

University Primate Research Institute）觀察的博蘇（Bossou）黑猩猩族群。經過高度演化的母黑猩猩在黑猩猩寶寶死去後，會繼續抱著孩子的遺體好幾天。這些母黑猩猩（猿類與猴子也會有這種行為）會繼續為死去的孩子理毛，持續長達數天至一、兩個月之久的時間。目前已記錄了數十起這樣的案例，研究人員深入觀察每一個案例的個體、時間、地點、過程。其中有一隻名為瑪西雅（Masya）的母猩猩，牠抱著死去的寶寶長達三天，同時在這段期間裡不時望著寶寶的臉。[16]瑪西雅和過去一樣為寶寶理毛，即便牠會因此難以進食或行動，也依然堅持一直將死去的寶寶抱在懷裡。對母黑猩猩來說，抱著黑猩猩寶寶其實是很反常的行為，因為黑猩猩寶寶通常會自己抓著母親，讓母黑猩猩可以空出雙手來做其他事。在這段時間裡，瑪西雅暫停與同伴的互動，也不為自己理毛；牠從未嘗試餵懷裡的寶寶吃東西，因此可以判斷瑪西雅其實知道黑猩猩寶寶已經死去了。同族群的其他黑猩猩也在瑪西雅全副身心都放在死去寶寶身上的這段時間裡，用為牠理毛的方式表達關心。後來瑪西雅慢慢地從隨時抱著、保護著寶寶不放的狀態走出來，最後終於可以永遠離開寶寶的遺體了。然而也有另一種情況，曾有案例是黑猩猩寶寶因罹患傳染性疾病而死去，研究人員在四天後將其遺體移走，結果黑猩猩媽媽不斷尋找寶寶、持續嚎叫；如果讓母黑猩猩按自己的腳步放下孩子，則不會有這種反應。

與孩子的遺體相處這麼長一段時間後，黑猩猩媽媽終於確確實實地體會到寶寶已經死去的事實；如此一來，她才能夠用真實的體驗推翻原本因依附關係而創造出來的信念——那份深信自己生命中特別的存在一定會再回來的神奇信念。或許人類文化中存在喪禮、守靈、紀念儀式就是出自於類似的目的。在準備舉辦紀念儀式前，我們得先向親友報喪，接受他們的弔唁；我還記得父親過世後的隔天早上，一起床就看到餐桌上放了一打姊姊為父親的紀念儀式所做的花飾。我可以感受到，這些用心製作的花飾、為了選花瓶和綁緞帶所花費的時間，都是她用來接受失去的過程。而我們的親友長途跋涉、遠道而來，穿上喪服齊聚一堂，彼此帶著愛互相擁抱、微笑——一切都彰顯了這特別的一刻，而這樣的時刻就會在我們的記憶裡落實父親的逝去。我們在喪禮上會看見深愛的人躺在棺材裡，或是看見靜靜擺在那兒的骨灰罈，這些實體證據都是在告訴我們，所愛之人的靈魂早已離開肉身。在這樣的場合裡，大家的見證和儀式都確認了死去的那個人再也不會回來，原本對於逝者已逝這件事半信半疑的生者，也就更能相信深愛之人已死的事實。擁有了對喪禮的記憶以後，這些記憶片段或許就能幫助我們，一點一點解開原本緊緊纏繞在腦海裡的神奇信念；這說起來或許令人難以置信，但與其他人一起在紀念儀式上面對深愛之人已然逝去的體驗，或許就是能夠令我們接受事實的鐵證。

記憶

如果我們認真探討正經歷傷慟的人所說的話就會發現，大腦似乎可以同時維持兩種互斥的信念；一方面我們很清楚深愛之人已逝，另一方面我們卻又同時保有對方一定會回到自己身邊的神奇信念。大家一定都還記得，剛得知重要他人去世噩耗的那個當下——可能是接到電話，對方告知你哥哥去世了——身邊的一切細節就蝕刻進了你的腦海：你站在家裡的哪一個位置、正在煮什麼菜、室內的溫度、洋蔥的氣味。這些都是情節記憶（episodic memories），也就是針對特定情境所留下的細膩回憶。

也或許你正好就在死亡發生的現場，因此擁有清晰的印象。我父親在二〇一五年的夏天離世，在那之前，父親已經選擇以安寧照護的方式走過人生的最後一段，所以我、姊姊以及一位家族摯友輪流在安寧病房裡陪伴他過夜。那天晚上，儘管我知道父親不會回應，我依然跟他道了晚安。我在病房裡的小沙發上睡了幾個小時，醒來時心裡充斥著一股敬畏之意；在父親生命的最後幾天，我時常有這種感受（當然同時也感到精疲力竭，完全沒有信心自己可以繼續撐下去）。看了一下父親的狀況後，我因為心裡的那股敬畏之意，決定到外面走走；那時的心情，就像我在蒙大拿郊外看到星羅棋布夜空的那一刻。假如各位曾經去過遠離城市的地方，或許就知道那樣的夜空是如何滿佈星辰，整個天空就像灑滿了閃閃發亮的沙子一樣，星光熠熠。我走在圍繞著醫院的環形步道上，這個步道設計的本意是想讓醫院員工與病人家屬在忙碌之餘伸展肢體，因此我也在這裡讓身體動一動。之後我回到病房，父親依然用極緩慢的節奏呼吸著。真是太神奇了，我心想；他竟然可以用這麼淺短的呼吸維持生命。接著我就陷入了深沉的睡眠。清晨，護理師彎下身將手放到了我的肩上，「我想他已經走了。」她這麼說道。我走到父親床邊，他看起來如此平靜、如此瘦小，那個樣子又像嬰孩、又像老人。父親的面容和數小時前沒什麼分別，但他的呼吸已從原本極緩的節奏轉為靜止。

父親的死亡對我來說不僅平靜，也令我充滿敬意，我也因為身邊圍繞的摯愛親友與專業醫護人員而感到欣慰。在那樣的當下，正因為有他們在身邊，我才能夠全然專注地面對發生的一切。每次回頭檢視那段經歷，即便我依然非常悲傷，卻仍然能感受到一股平靜。因此我覺得自己真的非常幸運，能夠有這種絕對稱得上善終的體驗。這一切都得歸因於父親選擇了安寧照護走過人生的最終章，這種照護方式是由專業人士設計，目的是盡可能讓病人身處一切適當的照護條件，走向善終。然而許多人面對的死亡並非如此平靜；有些人在深愛之人逝去的當下，面臨的是害怕、恐懼、痛苦、無助或極度的憤怒，特別是如果親友是因為意外而傷重不治，或是因為可怕的情況而被送進急診室救治。在COVID-19疫情期間，許多人在親友住院時無法陪在他們身邊，也無法在對方臨終時伴隨身側；正因為沒有機會好好道別、好好表達愛、感恩、原諒，也無法親眼見證深愛之人的死亡，這些人也就缺乏相應的記憶，導致親友死亡的「真實性」始終圍繞著一股模稜兩可的不確定性。研究顯示，這種模糊性失落（ambiguous loss，例如家人因為政治因素被消失，或是因為空難或戰爭而失蹤或被判定死亡）會導致哀悼的過程更加複雜。其中一部分的原因或許是，人類大腦內建相信重要他人永遠不會真正離開的功能，如果記憶裡沒有關於對方離去或死亡的確切證據，想要改變大腦已經建立起來的迴路或許就得花上更多時間，甚至是會造成更多壓力。

習慣

記憶是種極度複雜的東西。不過幸好，記憶也是許多神經科學家和認知心理學家長期以來潛心研究的領域，因此我們目前對於記憶在大腦裡運作的方式已有相當的認識。大腦的運作方式並不是像手持攝影機那樣，紀錄並儲存每一天的每一個時刻直到永久。大家可能以為記憶就像儲存在資料夾裡的影片，如果想記起某一件事時，只要打開大腦裡的資料夾、選擇影片播放就好。然而記憶運作的方式其實比較像是在烹飪，組成記憶的各種材料儲存在大腦的各個區域，如果我們要想起某件事，就必須將必要的材料放在一起，丟進由影像、聲音、氣味組合而成的大雜燴裡，再加上個人對某一事件的感受，同時聯繫起事件中的特定人物，還有看待這些事物的觀點。將一切材料組合起來以後，記憶就變成像是由過去事件結合而成的體驗，正如同我們會把蛋糕視為單一的事物，而不只是一堆麵粉、糖和雞蛋一樣。雖然我們把所有蛋糕都稱為蛋糕，但是蛋糕其實也有巧克力、香草等各式各樣的口味之分；同樣的，我們在提取記憶時的心情好壞，也會影響當下那個版本的記憶組合成分，可能會因此顯得比較明快，或是更加令人酸楚。有時候我回想起父親過世的當下，記憶的主軸並非當初心裡那份讚嘆，反而是當時的疲憊感受。而即便我現在已無法確定那時候護理師究竟是把手放在我的肩上，還是只是出聲叫醒我，這段情節記憶在大腦裡浮現時，我依然可以清楚知道這是關於哪一件事的回憶。

記憶讓我們得以從過去發生的事情學習經驗，而像重要他人過世這種事，就會成為大腦資料庫裡的頭號事件。各位可以把情節記憶視為關於特定事件或重要時刻的資料，而某件事如果對我們的人生來說至關重要，大腦就可以輕易地提取那些記憶。

小說《納尼亞傳奇》（*The Chronicles of Narnia*）的作者C．S．路易斯（C.S. Lewis）

在太太過世後，寫了《卿卿如晤》（*A Grief Observed*）這本深刻又令人酸楚的書，他在書中寫道：

> 悲傷就像懸念一樣，每一次我因習慣而情不自禁的時候，就感到挫敗。過去我（因為太太）升起的每一個念頭、每一絲感覺、每一種動作，如今都已成落空。就像出於習慣地搭箭上弦，才想到生命裡的那個目標已經不在了，於是我只能把弓放下。一切的一切都讓我想到H……過去我人生的每一條路都通往她的身邊，如今卻全成了死路。

人在哀悼的過程中，時常會回想起重要的情節記憶；就像你總是記得，那通告知你哥哥過世了的電話裡對方的聲線，或是父親躺在病床上停止呼吸的畫面。大腦一邊播放過去的記憶，一邊將對方離世後生活中的各種體驗組合起來，形成新的預測、新的習慣、新的慣例。然而這些全新資訊卻與大腦裡那份神奇的信念相互矛盾；你同時相信深愛的那個人依然存在於某個地方，只是已然不在**此時**、**此地**，也不再像過去與你如此**緊密**。

兩種互斥卻同時存在的信念

大腦的天性裡，最令人覺得殘酷的大概就是會令人類同時感覺到兩種互不相容的信念——其一是深愛之人已逝的事實，其二則是一定能夠再找到他們的念頭。在這樣的過程中，深愛之人的象徵（又或者說是虛擬化身）持續存在於人類大腦的虛擬世界裡。這些重要他人的象徵在父母哺育孩子、愛侶親密相處的時刻深深地植入了大腦。在人類與大腦內獨一無二的重要他人之象徵互動時，伴隨而來的就是依附關係；我們全然相信因為有這個人的存在，自己與對方的親密關係也永不止息，人類也因此對於**此時空裡關係緊密**的對象會永遠存在這件事深信不疑。神經細胞之間的連結，就是重要他人在大腦裡的象徵形成永久神經編碼的重要關鍵，而每個人對世界的計畫、期待、信念都會受到這種內隱知識（implicit knowledge）影響，也正是人類相信深愛之人永遠都會回到自己身邊，一定能夠找到他們的信念根源。內隱知識或許正是神奇信念的關鍵。

內隱知識在人類的意識之下運作，會影響我們的信念或行動；但既然是在意識之下運作，我們又是如何知道它的存在呢？假如一個人無法直接表達出大腦裡的知識，我們就只能夠透過這個人的行為來了解他擁有哪些知識。我們從特定腦區受損的患者身上，得到了神經細胞系統會創造內隱知識的確切證據；這位知名患者正是包斯維爾（Boswell），他因為意外而顳葉（temporal lobe，包含了海馬迴與杏仁核的區域）受損，因此無法形成新的記憶。[17]這種喪失記憶、無法再創造新記憶的記憶缺失名為順向失憶症（anterograde amnesia）。包斯維爾無法記住任何在他受傷後的十五年間認識的人，即便是那些每天都會接觸到的人。

然而透過詳細研究包斯維爾的一舉一動，研究人員發現他依然擁有關於接觸過的人的內隱知識。研究人員發現，包斯維爾會特別受某個照護員吸引，即便他認不出對方、也無法告知研究人員那位照護員的名字；但與其他照護人員相比，他就是更喜歡那位照護員。雖然包斯維爾沒有情節記憶，因而無法記得他是在何時、何地、何種情況下認識了該名照護員，但他依然靠大腦裡的其他知識拼湊出了對該名照護員的偏好。研究人員也注意到，包斯維爾特別喜歡的這名照護員對他很好，時常給他點心吃。

為了創造受控條件（controlled condition）以證明包斯維爾雖然有腦傷，卻依然擁有內隱知識，研究人員丹尼爾．特拉納爾（Daniel Tranel）和安東尼奧．達瑪西奧（Antonio Damasio）讓包斯維爾進行一項特別的學習作業。他們介紹包斯維爾與三個素未謀面的人認識，並且讓這三個人在五天內分別與包斯維爾相處：我們就以「好人」、「壞人」、「不好也不壞的人」來稱呼他們吧。好人會稱讚包斯維爾，表現得很和善，還會給包斯維爾口香糖吃，不管他有什麼要求都一口答應；壞人則不會稱讚包斯維爾，除此之外還要求他做一些無聊的事，並拒絕他的所有要求；不好不壞的人則是擺出一副公事公辦的樣子，人很和氣，不會要求包斯維爾做任何事，但也不會給他任何東西。到了實驗的第六天，研究人員測試包斯維爾針對這三個人產生的知識。包斯維爾記不得這三個人的名字，也無法透過照片分辨這三個人；接著研究人員將這三個人的照片放在一起給包斯維爾看，另外再加上一張陌生人的照片。研究人員問包斯維爾，在這四個人裡他最喜歡誰，包斯維爾持續選擇「好人」而非「壞人」絕非只是機緣巧合。更有趣的是，研究人員也測量了包斯維爾手指自然分泌的汗水量，發現比起其他人，包斯維爾對「好人」的生理反應更為強烈。因此可以發現，即便包斯維爾無法直接向研究人員說明「好人」是誰，但他的大腦裡的確有某個部分儲存了關於「好人」的內隱知識。[18]

我們對於深愛的人都有特定的情節記憶（例如婚禮當天的回憶），而這些人對於我們長年養成的各種習慣也有巨大影響力（例如彼此平常在沙發上坐得多靠近）；我們同時也對這些人保有不言自明的語意知識（semantic knowledge）*，相信這些人永都會陪在我們身邊、這些人對自己來說格外特別。在人類的大腦迴路裡，這些內隱知識和情節記憶儲存在不同的地方，這也就表示人們對於深愛之人的各種知識其實來自大腦裡的不同神經系統，各自用不一樣的方式影響人的思維、感受、行為。因此在深愛之人去世後，過了一段時間，情節記憶就會提醒我們逝者已逝——大家都心知肚明對方已經再也無法陪伴在自己身邊。但大腦裡的內隱知識沒有那麼容易隨著現實狀況更新，伴隨依附關係產生的信念讓我們認為深愛的人一定還在某個地方，只要夠努力尋找，繼續認真嘗試、表現得更好，對方一定會回到我們身邊。正因為內隱知識與情節記憶互相矛盾，我們就更難察覺心裡默默存在的神奇信念；我將這種互相衝突的資訊流（streams of information）稱為**逝者永存**（gone-but-also-everlasting）理論，而我認為正是這種矛盾導致人們哀悼的歷程如此漫長。

情節記憶、習慣、內隱知識都會影響人類在這個世界上理解、預測、行動的方式，雖然這三者可能會相互矛盾、衝突（例如：情節記憶告訴你曾經深愛的那個人已經離世，但內隱知識卻無法相信這件事），但隨著當事人接受深愛之人已離世的事實，這些資訊終究必須隨著現實更新。

為何我們要花這麼久的時間哀悼？

一般來說在課堂上，我只要花幾個禮拜就能記住所有學生的名字和背景，也會知道哪個學生最會回答問題，對於哪幾位學生很幽默或閱讀興趣廣泛更是心裡有數，同時也知道哪些學生不太願意在課堂上發言。我甚至可以將這些對學生的了解應用在課堂討論上，我會問那些比較害羞的學生簡單、明確的問題，這樣他們就能直接給我簡短又肯定的回答；至於那些需要應用各種概念才能回答的問題，我就會交給願意在同學面前侃侃而談自己思路的學生。對一般人來說，像我記住關於學生的種種細節一樣記憶各種事物，並在日常生活中實際運用這些資訊再正常不過，然而就算記住了關於學生的這麼多資訊，我也不會因此就認定對方下個學期還會繼續出現在我的課堂上。然而哀悼的運作方式並非如此，哀悼需要花費更長的時間。**逝者永存**理論顯示出哀悼過程與其他各種學習歷程都不一樣；人類內心堅持已故親人依然存在的信念，可能會干擾我們學習新的現實狀況。換句話說，人類大腦一方面存在著情節記憶與習慣，另一方面又有因為依附關係而產生的內隱神奇信念，便會在人類大腦中產生矛盾，這也是為什麼人類需要花更長的時間哀悼摯愛的逝去。我可以輕鬆地接受上學期的學生今天不會出現在課堂上的事實，因為現實便是如此運作；但是人類已經將摯愛親人與自己在同一個**時間**、**空間**、**關係緊密**這件事銘刻在大腦裡，所以要

＊譯註：指一個人對世界的事實知識，如：一天有二十四小時、一年有四季等。

相信這些人已從地球上消失並不是件易事，需要更多的時間才能辦到。在這個過程中，大腦要解決這種互相衝突的信念，還要一邊學習新的事實。

假如哀悼跟學習新知一樣簡單就好了；在大腦裡創造出對於因果關係的新預測，或是在日常生活中建立新習慣，這些學習過程通常不需要花超過幾個月的時間。大家都知道，學習任何新知都需要時間與實際體驗；但是與學習全新的知識相比，歷經悲傷的人還需要更多時間面對其他困難，例如互相矛盾的信念。要解決這樣的困難，就必須在面對傷慟的同時更全心投入生活；我們在第八章與第九章會闡述更多關於在失去時更熱忱投入日常生活的內容。

關於神奇信念的自知之明

面對悲傷，便是愛上一個人的代價；與他人建立關係，讓我們願意相信自己的配偶、孩子、摯友就算離開身邊，也只是暫時的分別，他們始終會回來。假如每天早上在他們出門上班、上課的時候我們都相信這些重要他人不會再回來，那生活大概就過不下去了。令人慶幸的是，與重要他人尚在人世時的一次次離別與重逢相比，我們不必時常面對摯愛離世。

人生摯愛離開世間後，人們面對的矛盾心情都十分類似；一邊心裡清楚對方已經死去，同時卻又心懷摯愛會再次從那道門走進來的神奇信念。假如我們憑藉這些反應，相信人類確實同時承受這兩種矛盾的認知，也認定了這就是人類歷經悲傷的常態，那神經科學家應該要尋找，在這個過程中大腦裡有哪些神經處理功能同時運作。我們希望從大腦的角度觀察，從中了解大腦所「認知」的兩個截然不同的概念如何同時存在；探索大腦中共存的各種信念，應該能讓我們更清楚大腦運作的機制如何影響人類面對悲傷的方式。我本身從事的研究就是在探討這些知識儲存在大腦的哪些區域，接下來幾章，我將進一步帶大家了解大腦如何克服這些互相矛盾的信念，讓我們重新建立有意義的充實生活。

〔第4章〕跨越時間 適應現狀

五歲那年，家裡的電暖器正好要換新；在這段時間內，還沒開始上學的我竟然迷上了來家裡施工的電工傑克（Jack）。儘管母親一直責備我，我依然跟在傑克的身後到處跑；他總是穿著牛仔褲，而我也受到影響開始愛穿吊帶褲。我到現在仍清楚記得他的微笑，這個與眾不同的男人總是對我懷抱深深的善意。四年級的時候，我在這小鎮上遇到了另一位和傑克截然不同的大人，她是在鎮上教美術的藝術家。我和其他所有人都只以姓氏——瑋柏（Weber）——來稱呼她；特別的瑋柏對我來說是前所未見的大人，尤其她是我見過第一個不刮腿毛的女人。瑋柏以蒙大拿的野花為主角，畫出了令人印象深刻又充滿細節的植物水彩畫，我家走廊至今還掛了兩幅她的畫作。雖然我實在完全沒有成為藝術家的天份，但一直到我上了國高中，甚至是上大學後在假期返家時，仍然常常去找瑋柏聊天。

對當時還是青少年的我來說，瑋柏和傑克實在是令人意外的一對，但他們確實愛上了彼此。他們相當晚婚，因此發現瑋柏懷孕的時候兩個人更是喜出望外；然而就在瑋柏的孕期當中，傑克被診斷出了癌症，身上長了致命的惡性肉瘤。這對夫妻盡一切努力、嘗試各種療法；其中一次他們來芝加哥進行治療，瑋柏陪傑克去看醫生的那個下午，我就在學校外的租屋處照顧他們的寶寶里歐。然而命運的轉折實在殘酷又令人費解，傑克在里歐一歲半的時候去世了。

等到瑋柏能夠重拾畫筆作畫後，她的畫風卻也不復以往；她的畫作裡依然有野花的蹤影，但也出現了流淚的雲朵、以水桶承接淚水的女人，以及被撕扯出無盡血淚的心。畫中出現了許多靜靜躺在地上不動的女性，她們的身體被野地的覆盆莓樹葉覆蓋著，或是被因為冬天而落葉的枯枝釘住了身子。畫中還有縮成一團的女人，身上蓋著許多厚重的被子，其中一些女性的肩上則被黑乎乎的悲傷纏繞著，像披掛了一件無比沉重的披風。在這一系列畫作的最後幾幅畫裡，畫中的女人從地底下挖出了被埋葬起來的心，其中幾幅畫裡還出現了陽光，那是第一道將光明帶進她畫作裡的橘黃色光線。這些畫作實在令人屏息。

後來有一天我和瑋柏在她的工作室裡聊天，她說她覺得受過藝術繪畫訓練這件事，成了她在哀悼過程中的無價珍寶。過去，她雖然十分努力創作，運用畫筆、水、顏料的組合不斷精進繪畫技巧，但直到傑克過世後，她才真正能夠用繪畫表現內心；然而如果沒有之前多年的藝術訓練，她絕對沒有足夠的技巧表現出心中的深沉感受。這一點就算我沒有像瑋柏那樣深刻的感受也看得出來；她早期的畫作美歸美，但無法像後來的作品那樣激起觀者的心神共鳴。從一九九六年傑克去世，到二〇〇一年她的畫作在畫廊展出，中間經歷了非常漫長的道路。她透過繪畫展現了他的存在與他的缺席，並重新拾回自己的生活。

如何為運作中的大腦留下影像

對於真正理解悲傷這件事的人來說，瑋柏的畫作確實能夠引起共鳴，畫中美麗的圖像與令人感同身受的氛圍能喚起觀者面對悲傷的經驗。我在緒言裡提到，自己當初是如何在天時地利人和之下，完成了第一項針對悲傷的大腦成像研究；我們想要知道的是，人類感受到悲傷鋪天蓋地而來時，大腦裡發生了什麼事？不過受試者在做大腦成像時，面對的是陌生又死氣沉沉的醫學儀器，要如何引起他們的悲傷情緒呢？就像瑋柏的畫作使觀者產生共鳴，心裡升起深沉的寂寥與悲傷帶來的死寂；我們又要怎麼確保能夠引發受試者產生這種情緒？大腦成像儀器運作時會轟轟作響，而且在過去那個時代，受試者在做大腦成像時，甚至要咬著固定器使頭部維持靜止不動——在這種種限制下，要讓受試者探索內心的深沉感受可真是難上加難。

功能性磁振造影能顯示出受試者在產生特定的想法、情緒或感受時，大腦的哪個部分在活動。神經科學家藉由在受試者進行各種體驗時觀察不同腦區的血流增加程度，就能推斷是哪裡的神經細胞正在受激發。功能性磁振造影藉由血液裡的鐵質來偵測血流，而用來探測鐵質的巨大磁鐵正是這項科技之所以被稱為磁振造影的原因。接著，大腦的血流資訊透過複雜的物理轉換程序，以大腦活動成像的樣貌呈現。大腦的神經細胞激發後需要血液來為其供氧；受試者產生特定心智功能時會激發某些神經細胞，該處的血流量就同時會增加，因此能看出當下是哪個腦區在活動。大腦產生作為研究標的的心理活動時，特別活躍的腦區與控制組的大腦活動相比，會在平常是灰階影像的大腦成像裡呈現出一團色彩，顏色越亮就代表在產生該心智功能的當下，該腦區的血液含量越高。這也就是為什麼大家會說大腦的某個區域「亮了起來」；不過大腦成像上的色彩只是表示該腦區經過計算後所呈現的活躍程度，並不代表大腦真的發亮或產生色彩。

大部分的神經成像都是運用減法歸納出來的。研究人員先設定目標，決定要以哪種心智功能作為研究對象，接著讓產生這種心智功能的受試者接受大腦成像掃描。假設研究人員想研究「閱讀」這種心智功能，但人在閱讀的同時大腦隨時都在活動、處理各式各樣的訊息與身體感覺（一邊維持正常呼吸，同時還要記住周遭發生的一切事物等等），因此研究人員要想出第二種「控制作業」讓受試者執行，兩相比較之下才能用減法推測出大腦的活動。控制作業與第一項閱讀作業的條件幾乎完全相同，只少了研究人員想要了解的那項心智功能；受試者會按一模一樣的順序進行這兩項作業，同時接受大腦掃描。進行控制作業時，研究人員必須考量到，受試者一樣會由左到右移動雙眼掃視文字，也會看見母語中常出現的各種符號組合，所以控制作業中讓受試者看的會是亂七八糟的「單字」；這些單字是由英語語境中常見的字母與符號組合而成，但沒有任何實際意義，所以受試者不可能如常發揮「閱讀」這項心智功能。進行每一次大腦掃描時，電腦都會記錄下在正常閱讀作業以及控制作業下各個腦區的活動，只要把進行正常閱讀作業時的大腦活動減去進行控制作業時的大腦活動，就能看出是哪個腦區主掌閱讀這項心智功能。

為了找出能夠激起受試者悲傷情緒的作業，並用減法來找出大腦活動的位置，哈洛德．岡德、理察．藍恩和我必須想辦法捕捉受試者產生悲傷情緒的那一個瞬間。我們首先思考人類在現實生活中是如何產生悲傷這種情緒，並想出了兩種或許可行的方法。第一，受試者訴說關於摯愛親友離世的故事時，使用的某些字眼會跟這段失去的經歷連結在一起；第二，經歷傷慟的人在分享對離世的深愛之人的記憶時，通常會拿出相片，因此我們便請受試者與我們分享與逝者相關的文字與照片。悲傷是一種獨特的體驗，它與離世的那個人息息相關，因此無法用同一組文字與照片引起受試的八位女性的悲傷情緒。我們將每一位受試者帶來的逝者照片用電腦數位化，再為照片加上文字，文字內容便是受試者在訪談中談論失落經驗時所使用的詞彙：包括**癌症**或**暈厥**（正是那些逝者離世的原因），也因此與每一位受試者的悲傷情緒都有直接連結。進行大腦成像掃描時，受試者會看著這些照片與文字，而我們則負責測量他們的大腦活動。

接下來要建立控制組的實驗條件。大腦中有專門負責辨識人臉的腦區，也有負責閱讀文字的腦區，因此我們決定用陌生人的照片當作控制組；至於搭配照片的文字，則是選擇字母數量相當、詞性相同的中性詞彙來取代，例如與**癌症**（cancer）對應的詞彙就是**生薑**（ginger）。於是我們為每一位受試者量身打造了用陌生人的照片搭配中性詞彙的投影片當作控制作業，藉此運用減法推斷出相應的大腦活動。

我們的受試者都大方分享了許多動人的照片——例如其中一位受試者的丈夫已過世幾十年了，而她帶來的照片主角正是當初手裡拿著結婚蛋糕的那位年輕英俊的新郎。另外還有張照片中是位穿著夏威夷衫的男性，他臉上輕鬆愜意的微笑彷彿可以穿透鏡頭，讓我們感受到他與如今已寡居多年的太太當初一起去度假時的美好回憶。我們請這些面對傷慟的受試者說明自己觀看投影片時的感受，他們都表示看到已逝親友的照片搭配與悲傷經歷相關的文字當下，就是他們最感到悲傷的瞬間。我們同時也測量了受試者在看每一張投影片時手指分泌的汗水量；他們看到已逝親友的照片與相關文字時流的汗最多，面對陌生人的照片與中性字眼時的汗水分泌則最少，實驗結果正如我們的預測。

一般進行實驗研究時，應該讓每一位受試者接受同樣的刺激，藉此維持所有實驗條件的同質性；讓喪親的受試者提供已逝親友的照片作為其各自實驗過程中的刺激條件，這是種全新的嘗試。不過這對我們的實驗來說是激發受試者最真實悲傷反應的重要關鍵，畢竟每一個人內心的悲傷，就如每一段不同的關係一樣，是獨一無二的存在。

研究成果

我在第二章的「自選歷險遊戲」研究中提到了後扣帶迴皮質，這個腦區從大腦中央一路繞著充滿液體的腦室連接到大腦後側。從其他大腦成像研究中我們發現，後扣帶迴皮質是人類大腦提取情緒記憶、自傳式記憶（autobiographical memories）的關鍵；也就是說，正是因為有後扣帶迴皮質的存在，人類才能夠感受悲傷。在前文所述的實驗中，我們發現那些讓受試者想起已逝親友的物件會激起他們的回憶，使相應腦區在大腦成像儀器下發光；對受試者來說，與陌生人的照片相比，看著已逝親友的照片會使大腦的後扣帶迴皮質產生更多神經活動。

大腦處理悲傷時，後扣帶迴皮質並非唯一產生活動的腦區。較晚近的研究更深入了解大腦功能，發現其實是由好幾個腦區同時活動，形成了處理悲傷的神經系統。另外一個會因悲傷而活躍起來的腦區便是前扣帶迴皮質（anterior cingulate cortex，ACC）；人類的許多心智活動都由前扣帶迴皮質負責掌控，這個腦區專門驅策人類的注意力，聚焦在我們認為重要的事情上。想當然爾，深愛的人離世對你我來說一定是相當重大的事件，因此比起看著那些中性的字眼，各位就能理解為何想到與已逝親友死因有關的字眼會使前扣帶迴皮質活躍起來——身為神經科學家，這項研究成果更提醒了我，重要他人死亡對人類來說影響力有多大。

我們發現，人類把注意力放在痛苦上的時候，通常會有兩個腦區——前扣帶迴皮質和腦島（insula）同時產生活動；而我們透過大腦成像儀器看到，人類在歷經悲傷時，這兩個腦區也會一起活躍起來。我們會如此了解前扣帶迴皮質和腦島一起作用的現象，其中一個原因就是來自對生理性疼痛的研究。人類在遭受生理疼痛（例如在進行大腦成像掃描時燙受試者的手指）刺激時，這兩個腦區就會一起產生反應；更棒的是，了解生理疼痛與哪些腦區有關後，神經科學家就可以進一步分辨生理層面的疼痛與心靈或情緒上的痛苦之間的差別。各位試想，生理性疼痛會帶來強烈的不適感，而解剖學家很久以前就發現，神經細胞從手指上的感覺受體開始一路蜿蜒、穿過脊髓，再連結到與人體各部位相對應的腦區，讓人類得以意識到是身體的哪個部位在痛。然而這些神經細胞延伸的路徑到了感覺動作腦區（sensorimotor brain region）就中止了；因此，生理性疼痛其實是源自大腦製造出來的強烈感受，伴隨著身體疼痛而來的痛苦情緒則是源自前扣帶迴皮質和腦島，藉以回應疼痛所帶來的警訊與不適感。因此每當人類面對悲傷，使這兩個腦區同時活動時，我們就會將這種大腦活動與悲傷帶來的痛苦情緒連結在一起。生理疼痛與痛苦的情緒在前扣帶迴皮質和腦島產生活動的位置雖不完全相同，但卻十分相近。

伴隨研究成果而來的更多疑問

這項研究成果讓我們了解，大腦形成悲傷情緒其實是一件相當複雜的事，除了處理照片與文字的訊息以外，還需要許多其他腦區的參與——光是為了要感到悲傷，我們就需要用到處理情緒、同理他人、回想情節記憶、辨別熟悉面孔、調節心律，以及協調以上種種功能的好幾個腦區。不過話說回來，這項研究也讓我們發現了另一項事實，就是處理悲傷並不會動用到大腦裡所有的腦區。以我們針對悲傷所做的研究為例，在研究過程中就發現杏仁核（大腦裡一個杏仁狀的結構，通常會在大腦產生強烈情緒時活躍起來）沒有出現活動。

這項神經成像研究讓我們得以一窺大腦裡的悲傷以及其運作機制，對於使科學界認同從大腦科學的角度探討悲傷來說，也可說是邁了一大步。不過話又說回來，這項研究成果感覺還是不夠周延，畢竟我們只是列出了產生悲傷情緒會用到的腦區而已，人們心中關於悲傷的許多疑問依然尚未得到解答。我們需要進一步研究哀悼的神經生物學模型，而不僅僅只是羅列各式各樣的腦區名稱而已。

當初的我深信大腦科學能夠讓人們了解，在哀悼的過程中悲傷的體驗會如何改變；換句話說，也就是讓大家了解大腦如何逐步更新資訊，接受深愛之人逝去的事實。我希望這樣的大腦科學研究能使大家更了解、更能預測每個人面對摯愛親友去世的反應，知道哪些人應該可以順應現實狀況、成功調適，而哪些人則可能得歷經一番苦苦掙扎，才能夠重拾充實人生。此外，我也想知道大腦在這種調適的過程中，會產生哪些阻礙。不過這些都只是二〇〇三年首次公佈大腦成像研究成果時的初期展望了；這項實驗為悲傷的科學研究打下了良好的基礎，呈現人類在感受到悲傷時的大腦運作機制。不過，我對於人類如何面對哀悼歷程的好奇心與研究精神可不僅止於此。

給一般大眾的科學知識

科學研究人員接受訓練，準備研究全新領域時，通常會在研究初期以簡單的方式描述某些現象。有一項關於悲傷的理論已經存在於人類文化數十年歷久不衰；伊莉莎白．庫伯勒－蘿絲（Elisabeth Kübler-Ross）在一九六九年出版了《論死亡與臨終》（*On Death and Dying*），在書中提出了悲傷的五個階段，在世界上廣為流傳。然而經過幾十年來的持續研究，我們發現這個理論並不精準也不夠完整。庫伯勒－蘿絲所提出的理論會如此受到大眾的接受與重視，部分原因是她的著作觸動了讀者的心靈；無論是在心理學入門課程所學到的知識，還是單純上網搜尋**如何面對悲傷**，大家都知道所謂悲傷的五階段（否認、憤怒、懇求、沮喪、接受）。不過假如各位上網搜尋時找到的是優質的資訊來源（例如美國國家衛生研究院），就會發現關於悲傷的研究資訊比起過去多少還是有些進步。

然而伊莉莎白．庫伯勒－蘿絲確實是個非凡的人物（她在二〇〇四年過世之前就住在亞利桑那州，我也因此有幸聽到她的演講）；她從小在蘇黎世長大，年輕時在第二次世界大戰後做志工幫助難民。[19]庫伯勒－蘿絲造訪了位於波蘭盧布令（Lublin）的集中營，這項體驗為她的人生帶來了巨大且深遠的影響。在一九六〇年代的民權運動及女權運動期間，她以精神科醫師身份在美國執業，在為個案看診的同時也寫作不輟。文化變遷讓過去只能選擇沉默的族群找到了為自己發聲的管道，而庫伯勒－蘿絲也透過寫作，為臨終病人找到了自己的聲音。在當時（今日或許依然如此），大家面對死亡總是選擇避而不談，即便是在醫師與患者之間。庫伯勒－蘿絲反其道而行，找了許多臨終病人進行訪談，請他們訴說面對死亡帶來的巨大失落感，讓這些病人暢所欲言自己的感受、想法以及他們如何看待與面對死亡；她還邀請護理師、醫師、住院醫師、牧師、醫學院的學生參與這些訪談。蒐集了大量訪談資料後，庫伯勒－蘿絲先在《生活》（*LIFE*）雜誌撰寫搭配了動人照片的專文，讓大眾了解臨終病人最真實的想法，後來則是在一九六九年出版了她廣為人知的著作。

庫伯勒－蘿絲運用的正是當時精神病學最好的技術——臨床晤談（clinical interview），她做的也是所有科學家剛開始研究某個現象時會做的事：陳述。她將病人說的話分門別類、去蕪存菁地彙整成一套理論，並與一般大眾分享。以悲傷的各個層面來說，她的理論並沒有錯；有些人說他們會感到憤怒和沮喪，有些人則因為否認事實而無法訴說自己的感受，其他也有些人花了大把時間和精力反覆思考，如何才能懇求死亡放他們一馬。不過也有人選擇平靜面對，接受自己已經走到人生最終章的事實。庫伯勒－蘿絲陳述了這些人的說法，以臨終病人的感受為核心，整理出看似最重要的幾個情緒層面，創造出前所未有的理論。

庫伯勒－蘿絲和其他人將原本用來描述臨終病人心理狀態的五階段理論，運用在喪親者身上，確實是一大進展；但陳述終究還是與以實驗為基礎的研究不同。就像我第一次做神經成像研究時成果有限一樣，悲傷還有更多更深需要探討的層面。庫伯勒－蘿絲把受訪者在晤談當下對於悲傷的體驗，描述為哀悼的整體歷程。那些受訪者對於悲傷的感受真實不虛，她也做了確實陳述，但並非所有人在哀悼時都會經歷每一個階段，也不會全按同樣的順序體會這幾個歷程。也就是說，用來調適失落的悲傷的五個階段並非經過實驗驗證的理論。

這種現象的問題在於，大家把庫伯勒－蘿絲對臨終病人進行晤談而整理出的**陳述**當成處理悲傷的**正確方式**，因此那些失去親人、歷經傷慟的人便會因此產生疑問，或因此而感到受傷。例如，許多人失去親友後並不會感到憤怒，但他們卻因為這個理論而以為自己哀悼的方式不對，甚至覺得自己沒有好好「處理悲傷」。臨床醫師也可能會誤以為每個人的哀悼過程都該以相同順序線性發展，因此斷定某個病人正在經歷否認的階段，卻忽略了每個人可能經歷的哀悼歷程各不相同。總而言之，其實只有少數人會和庫伯勒－蘿絲提出的理論一樣，按照順序完整歷經五個階段；糟糕的是，許多人可能會因為自己的哀悼過程與理論不同而覺得自己不正常。目前這個老舊、過時的理論已經被有更多科學實驗證據的新理論所取代，不過仍有些臨床醫師堅持繼續使用它，一般大眾也不太曉得科學界對於哀悼的認識與過去相比已有巨大的進展。

英雄旅程

只要跟別人提到自己正在寫一本關於悲傷的科普書，幾乎每次對方都會以為我會在書中談論悲傷的五個階段。儘管已有科學證據證實歷經悲傷的過程並非一定是直線式的階段性發展，為何這個調適悲傷的模式依然歷久不衰呢？專門研究悲傷的心理學家傑森・霍蘭（Jason Holland）和羅伯特・奈米爾（Robert Neimeyer）為我一直遇到的這個疑問提出了最好的解答。[20]他們認為悲傷的五個階段其實反映出了人類文化中的「單一神話」（monomyth）概念，又稱為英雄旅程（以我們現在討論的主題來說，應該是哀悼者的旅程）；我們在大部分的書籍、電影、口耳相傳的故事裡都可以發現這種史詩般的敘事架構存在。各位想想各種故事裡的英雄角色：《奧德賽》（*Odyssey*）裡的尤里西斯（Ulysses）、《愛麗絲夢遊仙境》（*Alice in Wonderland*）的愛麗絲（Alice），甚至是《怪奇物語》（*Stranger Things*）裡的11號。這些英雄（哀悼者）都身處陌生又可怕的世界，經過了艱鉅的旅程後脫胎換骨，帶著充滿智慧的新思維強勢回歸；旅程中充滿了一個接一個難以跨越的障礙（悲傷的各個階段），等著故事裡的英雄逐一克服，因成功完成任務而偉大。霍蘭和奈米爾的闡述非常貼切：「將哀悼過程描述成一個個待克服的階段；主人翁起初因為脫離失去親友之前的那種『正常生活』而迷失方向，隨著一步步突破各種有明確定位的情緒考驗，最終英雄般地迎來勝利，終於能夠接受現實、從悲傷中復原，甚至是象徵性地重新回歸人生。這種敘事角度的架構似乎更有連貫性，因而更加廣受大眾接受，也更有吸引力，卻因此忽略了這種角度的真實性與準確度。」然而這種單一神話卻會導致，人們在發現自己並未經歷同樣具連貫性的一系列挑戰時，質疑自己不夠正常；也可能因為沒有「克服」悲傷或者從中獲得某種啟示而感到挫敗。你我的親友、甚至是醫生都可能受到這樣的理論影響，為我們沒有獲得新的啟示並像英雄一般重新回歸人生而感到擔憂。

霍蘭與奈米爾做了實驗，試圖找出悲傷的五個階段確實存在的證據，卻發現調適失落的過程並非線性發展，也不一定按照同樣的順序發生。歷經哀悼時間尚短的人通常展現出更多因悲傷而產生的壓力，因此引發各式各樣的悲傷感受，如不可置信、憤怒、沮喪憂鬱、渴求；而那些歷經了長時間哀悼歷程的人則通常會展現出接受的態度。因此我們可以發現，人在面對失落時，要不是承受悲傷的壓力，就是接受現實，然而這兩種狀態可能會隨著每一天、每一週、每一個月起起落落、不斷變化。令人慶幸的是，兩者相較之下，人們開始接受現實的頻率會逐漸增加，面對悲傷所帶來的壓力也會慢慢減少，然而這種轉變需要相當長一段時間才能達到。在這個接受心態慢慢多於痛苦的過程中，每當接近逝者的忌日，情況可能又會暫時翻轉，許多人可能又會覺得悲傷捲土重來，但這很正常。哀悼的旅程通常不會如大眾所期待的那樣有明確的開端、中場與結束，這也與那些陪伴在你我身邊，支持我們度過痛苦的重要他人心中的期許背道而馳。隨著時間過去，我們雖然依舊會歷經一波又一波襲上心頭的悲傷，但接受現實的頻率終將超越痛苦；而悲傷帶來的壓力雖然不會完全消失，但其強烈程度最終還是會慢慢減退。

調適喪親傷慟的雙歷程模式

二十世紀晚期，喪親傷慟科學研究的關注焦點慢慢從歷經悲傷的體驗本身，過渡到整個哀悼歷程中的轉變。荷蘭烏特勒支大學（University of Utrecht）的心理學家瑪格麗特·史卓比（Margaret Stroebe）和亨克·舒特（Henk Schut）長時間合作研究，提出了喪親傷慟科學的出色研究成果，並發展出許多臨床醫師如今都在應用的「調適喪親傷慟的雙歷程模式」，通常簡稱為雙歷程模式。

示意圖最外圍那一圈代表的是人類每天的日常生活經驗，裡面的兩個橢圓形則代表失去重要他人時得面對的壓力。數十年來，無論是臨床醫師、哲學家還是詩人，都一直在談論「失落導向」（Loss-oriented）的壓力——也就是失去某個人所帶來的痛苦情緒，即便心裡清楚對方已經永遠離開，身邊的一切卻依然不斷觸發關於逝者的記憶；這些壓力組合起來，就形成大家一般所理解的悲傷。不過雙歷程模式裡更重要的另一部分，是為人們在歷經悲傷時所面對的其他壓力源命名。舉例來說，重要他人死去後，我們也必須面對史卓比和舒特稱為「恢復導向」（Restoration-oriented）的壓力源，其中包括一切生者因為重要他人離世而必須承擔

調適喪親傷慟的雙歷程模式

史卓比與舒特（一九九九年）

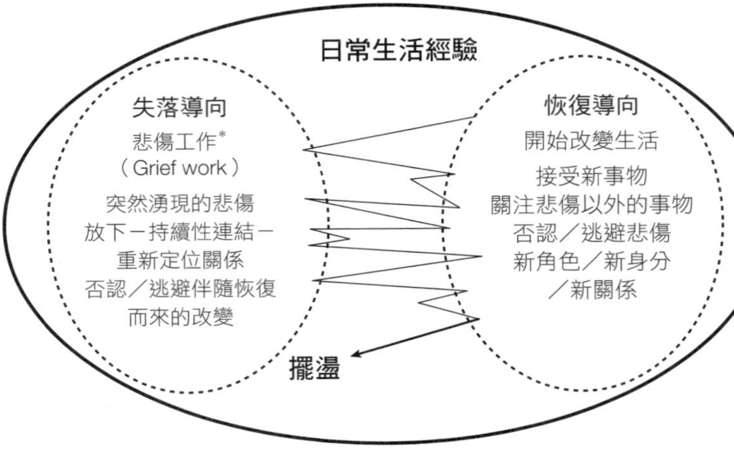

的事物，也包含實際層面的日常瑣事（逝者在世時我們不曾**獨自**做過的那些事），例如搞清楚怎麼繳稅或是添購家用品。失去配偶的同時，你不僅失去了最重要的朋友兼情人，也失去了一起負擔家務或擔任家長的夥伴；如果是失去老伴，喪偶獨居可能就代表著失去了原本替自己照顧健康問題的強大後援，或是再也沒有人載著你到處跑了。所謂的「恢復」代表的是認清現實世界已和過去不同，例如接受自己再也不可能和深愛的另一半實現退休夢想；我們也因此必須接受新的現實狀況並重建充實生活，同時做出新的選擇、立定新目標。

這個雙歷程模式真正厲害的地方其實是連接圖中兩個橢圓形的曲折線條，代表了人們會在這兩種壓力源之間來回擺盪。這條代表擺盪狀態的曲折線條顯示出哀悼的真實歷程，而不像過去的理論只關注人們哀悼時的想法與感受。人在歷經悲傷時，有時候一天內就會在兩種狀態間擺盪；早上才和房仲去看新房子，下午就因為翻閱結婚相簿而沉浸在悲傷情緒裡。有時候這種擺盪的間隔更短，像是在辦公室的洗手間痛哭個十分鐘以後，就回到座位繼續手邊的工作。面對其中一種壓力源，有時候就代表正在否認或逃避另一種壓力源：

＊譯註：指從悲傷中恢復並調適失落的心理歷程。

「接下來的四十五分鐘，我得假裝一切安好，認真為女兒的足球比賽加油。」

全新的雙歷程模式萌芽後，遭遇了某些臨床醫師的質疑，因為這個模式戳穿了過去許多人對於悲傷所抱持的信念（或迷思）——其中一種說法認為，哀悼就是必須徹底對抗悲傷的感受；這種觀點完全忽略人們在面對悲傷時，或許也可能因為暫時停對抗內心的傷痛而獲益。大家或許以為暫時停止哀悼——看似是在否認現實或壓抑情緒、刻意迴避對死亡的感受——對長期的調適過程來說是一件壞事，但有時候從哀悼過程中跳脫出來，其實可以讓當事人的身心暫時脫離情緒震盪所帶來的壓力。過往哀悼模式的這些限制，正是史卓比和舒特在這套理論中想要強調的重點。

無論是處理失落感受還是重建生活，對於經歷哀悼的過程來說都同等重要。失去重要他人後，調適的關鍵就是當事人的彈性；也就是在好好過生活的同時，也能專心面對接踵而來的各種壓力源。面對喪親傷慟的人也能擁有脫離悲傷深淵的時刻，也能純粹好好體驗那兩個橢圓形以外的日常生活。隨著時間不斷流逝，他們終於能夠越來越投入、好好過每一天，而面對失落的痛苦以及重新建立充實人生的艱困也終於慢慢消退。這兩個橢圓形代表的是突然湧現的失落感以及為了修復生活所做的努力，儘管永遠不會完全消失，但是這些壓力源激起的情緒反應終將越來越小、越來越少。在本書的第二部分，我將帶大家深入了解，為何我們可以運用這種有彈性的方式來調適失落。

〔第5章〕悲傷的併發症

二〇〇一年夏天，就在蒐集完悲傷的大腦成像後幾週，我受邀參加在密西根大學舉辦的工作坊；這個工作坊集結了來自歐美各國的悲傷研究專家，對我產生極其深遠的影響，同時拓展了我以科學眼光看待喪親傷慟研究的視野。工作坊舉辦的那個週末，我認識了許多能人與科學家，其中就包括了喬治．博納諾（George Bonanno）、羅伯特．奈米爾、瑪格麗特．史卓比——正是將喪親傷慟科學研究帶進二十一世紀的重要人物們。他們鼓勵我這個年輕科學家繼續努力研究，在與他們成為同事的這許多年來，這些人也一直影響我至深。

這個工作坊是為了向大家介紹高齡夫妻的生活變動研究計畫（Changing Lives of Older Couples research project，以下簡稱為CLOC）而舉辦，由美國國家老年研究所（National Institute on Aging）出資，於密西根大學正式進行。這項研究計畫深深影響了喪親科學研究領域；在這項縱貫性研究*中，有超過一千五百位高齡者受訪，研究人員在受訪者的配偶去世之前與之後的不同時間點向他們提問了上百個問題。正如同各位所想像，這樣的研究計畫蒐集到了極為龐大的資料，而這次工作坊的目的即是為了向大家展示蒐集到的資料、統整後的結果以及透過這項研究所解開的各種疑問。到目前為止，有超過五十份科學研究論文（其中有許多是開創性的傑出研究）是以這項研究為基礎，進一步發展而來。

CLOC研究計畫有一項最珍貴的特點是，所有受訪者都是在夫妻雙方皆在世時接受第一次訪談；最初的訪談進行時，夫妻間也沒有任何一方因為疾病而面臨臨終的狀況。研究人員對這些高齡夫妻進行了多年追蹤，直到夫妻其中一方離世，研究人員便會於其後的六個月、十八個月訪問仍在世的另一方。由於在初次進行訪問時，沒有人知道夫妻雙方中的誰會在什麼時候先撒手人寰，因此這是一項形式獨一無二的「前瞻性」研究；而正因為最初取得訪談資料時，夫妻雙方皆尚在人世，因此訪談資料並不是靠喪偶的受訪者回想另一半還在世的狀況而取得。前瞻性資料的蒐集能避免研究結果不夠準確，畢竟人的記憶會受時間影響，也可能因為其後所發生的事件而使受訪結果產生偏誤。

＊編按：一種跨越長時間的觀察研究，持續追蹤同一群樣本並進行多次訪問。

這種前瞻性的研究以珍貴的實驗結果證明並打破了科學界過去對於悲傷的許多迷思。藉由CLOC研究計畫，喬治．博納諾蒐集了高齡夫妻面對哀悼時隨時間所產生的變化，發展出有實證支持的哀悼模型，為喪親科學研究領域帶來了巨大的影響。各位可以試想，假如庫伯勒－蘿絲活在這個科學時代，能夠跨越好幾年、在不同時間點訪問一千五百位喪親的受訪者，這對她的理論會有多大的影響！這種規模的資料蒐集囊括了大量的受訪者，可以確保蒐集到的資料包含了各式各樣的適應模式，也因此更值得信賴。而這個巨大資料庫中有大量的訪談提問，讓科學家得以在哀悼的情緒、個人、間接影響、家庭、社交等層面驗證其關連性，甚至是提出預測。

哀悼的軌跡

請各位想像一下，你加入了某個讀書會，在第一次聚會時認識了一位女性，她說自己大約在六個月前失去了丈夫。你發現她似乎有些沉默寡言，同時坐立不安，她也是當天傍晚第一個離開讀書會的成員；不過她人感覺很好，而且不時會提出一些有趣的觀點，所以你希望她還會再來參加讀書會。後來她確實每個月都如期參加聚會，雖然狀態看來時好時壞，但基本上可以說是持續維持原狀，跟剛認識時沒什麼差異。這個讀書會確實很有趣，持續參加這麼一陣子下來，你發現自己不知不覺已經加入一年半了；同時你也驚覺，這段時間以來那位喪偶的女性其實改變不大。她從未說起自己生活中多了什麼人，而每次只要書裡出現任何形式的失去都會令她潸然淚下，她看起來似乎……怎麼說呢，很憂鬱。

請各位將這位女性的形象記在心裡，我們先跳回來講科學模型本身。博納諾要用CLOC研究計畫解答這個令人深思的疑問：每個人調適哀悼的軌跡都一樣嗎？[21]假如在喪偶的六個月、十八個月後訪問這些未亡人，他們哀悼的模式都一樣嗎？還是其實有不同類型的哀悼模式？博納諾與其研究團隊透過高齡夫妻的生活變動研究計畫發現了四種哀悼軌跡，分別是：**適應良好**（另一半過世後未曾有憂鬱症）、**長期哀悼**（另一半過世後產生長期憂鬱）、**長期憂鬱**（另一半過

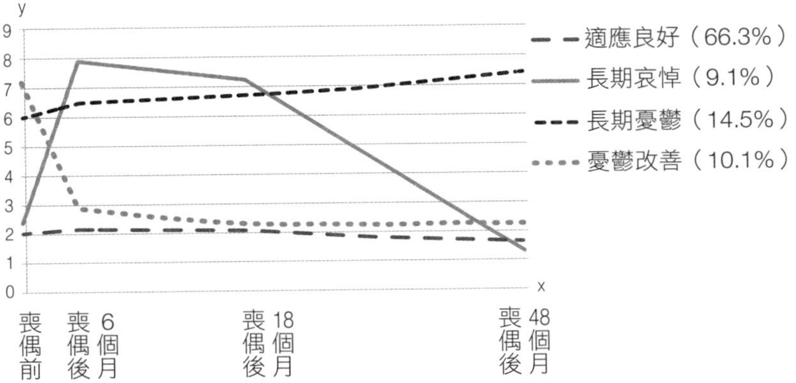

世前就已有憂鬱症，伴侶過世後憂鬱狀態持續或惡化）、**憂鬱改善**（過去已有憂鬱症，另一半過世後憂鬱狀態減輕）。這個哀悼軌跡的模型目前已被運用於許多其他大型研究；能夠蒐集到如此廣泛又精細的哀悼歷程資料，實在是個非凡的成就。

讓我們來思考一下，讀書會裡的那位女性該歸類在哪一種哀悼軌跡呢？圖表中y軸的數字（位於圖表左側）代表憂鬱症狀，數字越高就代表憂鬱程度越高。讀書會的那位婦女在丈夫過世後的六個月加入讀書會，當時她正處於憂鬱狀態，直到喪偶後十八個月，憂鬱症狀態依然不變。我們這時可以發現，這個哀悼軌跡模型有個引人深思的地方：這位婦女加入讀書會時她的丈夫已經過世了，然而她在喪偶之前的心理狀態，才是長期憂鬱和長期哀悼這兩種哀悼模式的關鍵差異，因此在讀書會開始後才認識她的我們無法判斷該把她歸類在哪一個模式裡。

假如她屬於長期憂鬱的類別，這就代表她在丈夫過世以前就已經為憂鬱症所苦，而喪偶則成了她憂鬱狀態的一部分；而假如她是屬於長期哀悼的類別，則意味著在丈夫過世之前她一直好好過日子，生活中有著正常的高低起伏、有起有落的情緒，是丈夫離世帶來的壓力才導致她陷入憂鬱，好幾個月的時間都難以掙脫泥淖。各位應該了解這兩種哀悼軌跡之間的差異十分重要，在前者的狀況裡，她的情緒困境長久存在，與後者因喪偶而產生的問題相較，或許需要不一樣的介入治療方式。博納諾的出色見解必須要有這些前瞻性的資料才能顯現出來；臨床心理醫師在面對因喪親而苦苦掙扎的個案時，必須先詢問當事人的憂鬱狀態是從何時開始產生，即便對方確實因為喪偶而感到痛苦，我們也千萬不能先入為主地直接將其視為當事人陷入憂鬱的唯一原因。

各位或許也注意到了，過了四年（也就是四十八個月）以後，屬於長期哀悼軌跡的女性的憂鬱症狀其強烈程度與適應良好的人相同；然而確實也有些人長期哀悼的時間更長，甚至長達十年之久。因此，若你的哀悼軌跡是屬於長期哀悼，即便要花費更久的時間，仍確實可能成功調適悲傷。

適應良好

博納諾提出的其中一種哀悼軌跡是「適應良好」；此類別的人喪偶前沒有憂鬱症，在喪偶後的六個月和十八個月接受訪談時也依然沒有罹患憂鬱症的跡象。當然了，我們並不知道這些人在這六個月期間心中真正的感受是什麼，也不能因為他們未受憂鬱症所苦就斷言他們並未感到悲傷或壓力。

然而令人驚訝的是，竟然有超過一半的喪偶受訪者屬於「不憂鬱」的適應良好類型。

這個數字表示，哀悼軌跡當中最典型的模式其實是適應良好，也就代表大部分的人在失去另一半以後，並不會因此得到憂鬱症。老實說，這個結果令許多研究悲傷的人大感吃驚；也令人警醒，過去臨床醫生主要的研究對象都是在喪親後尋求專業協助的個案，然而他們與多數未經歷憂鬱症的「適應良好」群體相比，其實是少數族群。因為缺乏針對哀悼歷程的系統性大型實驗，導致以面對喪親適應困難的族群為研究對象的研究成果，反而成了大家所認定的普遍現象，並將其直接延伸套用在所有喪親者身上。直到CLOC研究計畫隨機挑選住在底特律的高齡夫妻參加此研究計畫後，我們才知道原來適應良好的族群才是多數；隨機取樣需要嚴謹的社會科學實驗方法才能做到，其實比大家所想像的困難許多。這些受訪者剛開始受邀參加研究計畫時，夫妻雙方都還在世，研究人員並不知道受訪者會如何面對喪偶的狀況，這也就表示，能夠良好適應與無法良好適應喪偶的人受邀參與此研究計畫的機率相同。

有趣的是，針對未因悲傷而大受影響的人進行的研究計畫為數不多。以臨床心理學的角度來說，這個現象十分合理，畢竟進行臨床研究的動機就是想要了解如何幫助有需要的人；此外，試圖尋求專業協助的人也更有可能自願加入研究計畫。儘管如此，這種現象很可能導致我們對喪親科學研究的了解產生偏誤。

是悲傷還是憂鬱

首位實際寫出悲傷與憂鬱的相似之處的人是佛洛伊德。[22]這兩者看似相同，其中的差異在於，憂鬱通常讓人覺得似乎是憑空而生，而悲傷則是人面對失落產生的自然反應。自佛洛伊德提出他的看法後，我們就理解憂鬱與悲傷（即便是相當強烈的悲傷）之間其實有所分別。舉例來說，憂鬱通常會滲入生活的每一個層面，罹患憂鬱症的人會感覺自己的人生幾乎所有層面都是一團糟，不像悲傷那樣僅為失落的感受而苦苦掙扎。

我母親在我二十六歲時過世，我雖然沒有因此產生複雜性悲傷（complicated grief），卻深陷於憂鬱症的漩渦。正如我早先所提到的，在我出生之前，母親已有嚴重的憂鬱症，她在我的整個童年時光一直為其所苦。在我的母系家族裡，憂鬱症就像礦脈一樣在每一代之間無盡地延伸、傳承，家族裡總有那麼幾個人罹患憂鬱症。在母親過世前，我就已經發作過一次，當時是離家讀大學的第三年，我實在很想家。後來母親的過世再次引發了我的憂鬱狀態，而這也並不是我最後一次發作。隨著研究的腳步，我慢慢更加了解經歷複雜性悲傷的人們，發現悲傷中最重要的元素其實是渴求；然而在我面對哀悼歷程時，真正努力對抗的卻不是這種情緒。母親離世後，我雖然相當痛苦，卻並不渴望她再次回到我身邊；真要說的話，母親過世其實令我鬆了一口氣，畢竟我和她之間關係緊張，我也知道她活得不快樂。面對生命中的重要他人死去卻感到如釋重負，即便有許多人都有這種感受，但這聽起來實在太糟糕了，所以我其實沒跟幾個人說過這件事；現在跟各位坦承這份心情也令我如坐針氈。母親離開以後，我的生活中少了許多衝突，然而這二十幾年以來和母親建立的關係模式，卻也被我複製到了與其他人的關係當中，憂鬱症也隨之滲透了我人生的各個層面。

然而那些面對長期哀悼的人情況與我不同，他們的痛苦是源自對於逝者的思念，假如他們心裡有罪惡感，那也是與失去這件事本身息息相關的感受。也就是說，對本來就罹患憂鬱症的人來說，假如逝者死而復生，他們也許會很開心，但卻無法解決所有情緒問題，他們依然會陷入憂鬱；而對於長期哀悼的人來說，他們面對的一切感受、壓力、困境都只與那個重要他人的離世有關。有趣的是，曾體會過憂鬱症的人確實都說，悲傷與憂鬱症的感覺並不一樣。

透過喪親傷慟的科學研究，我們發現，有些人面對重要他人的逝去感到難以調適，在對方離世好幾個月、甚至是多年後依然走不出來。一九九七年有一群研究悲傷與創傷的專家（其中有研究人員也有臨床醫師），他們共同討論，希望羅列出長期悲傷疾患（chronic grieving disorder）的症狀。[23]當時雖然已有許多人寫了各種關於調適失落困境的著作，在臨床診斷上卻依然沒有取得共識，尚未有明確標準來辨別長期悲傷的現象。

這群專家商討出了一系列症狀，用以辨別哪些人最難以調適重要他人的離世。根據實驗證據及臨床經驗，他們取得了共識，認為悲傷疾患確實與憂鬱症或焦慮症（也包括創傷後壓力症候群）有所區別；長期悲傷疾患的主要症狀包括（一）將所有注意力放在思念逝者上，以及（二）失落造成的創傷症狀。在判別標準上達成共識後，臨床醫師及研究人員就能利用這份標準判斷研究對象是否符合長期悲傷的症狀。找出大家有共識的判定標準對於學界來說至關重要，在這之前，研究學者們各自都用不同的標準定義何謂重度悲傷狀態，也因此難以比較不同的研究結果。

搞清楚悲傷疾患的一系列症狀後，我們就可以開始探討其他各式各樣的科學問題了。例如，專業人士或許就能藉由這份標準來預測，哪些人產生悲傷疾患的可能性較高，進一步幫助這個族群；也可以探討其他與長期悲傷有關的議題，例如生理壓力或大腦處理失落的方式。

延續性悲傷疾患（Prolonged Grief Disorder）

喪親者當中，有一小部分的人會長期受強烈的悲傷情緒所苦，這就是長期悲傷疾患。為這種現象命名有好處也有壞處，確立了正式名稱後，為其所苦的人能夠知道世界上還有其他人面臨和自己一樣的痛苦，這對他們來說不失為一種安慰；身在其中的人知道自己不僅並不孤單，更有許多研究人員正在努力研究如何治療這種現象。雖然在進行臨床研究時，我並未將發展臨床診斷標準作為主要研究領域，但若沒有臨床診斷的背景知識，就難以運用神經生物學的角度研究悲傷；想要了解人類在歷經長期悲傷時大腦究竟出了什麼問題，就得先了解心理層面的成因。

一旦我們了解，有十分之一的喪親者即便經歷了很長一段時間仍無法調適，在進行臨床診斷時，我們就能特別關注那些雖有親友支持，情況卻沒有顯著改善的個案；這一小部分的人無法靠時間流逝慢慢找回生活的意義。借助上文提及的診斷標準，我們得以特別關心產生了悲傷疾患的人，發展出各種能夠有效減緩悲傷疾患的心理治療法。我在本書後半段會帶各位更深入了解這些療法。

身為科學家與臨床醫師，目前我們對於悲傷疾患到底是什麼仍只有初步瞭解，相關研究領域也仍在努力區別悲傷疾患與人類面對悲傷的一般反應，同時也要將其與憂鬱症、焦慮、創傷分別看待。由於此研究領域正處於開創階段，悲傷與哀悼造成的疾患也發展出了幾個不同的名稱，包括**複雜性悲傷**與**延續性悲傷疾患**。**創傷性悲傷**（traumatic grief）這個名稱是由前文所提及的那群專家在一九九七年進行討論時所用，後來這個名稱轉為用來指稱因面臨創傷性死亡相關經驗而產生的悲傷情緒；**創傷**這個字眼是用來強調，人類面對突然發生或牽涉暴力的死亡後會產生的感受。延續性悲傷疾患現在已納入世界衛生組織（World Health Organization）的國際疾病分類（International Classification of Diseases，ICD-11），也在二〇二二年收錄進美國精神醫學學會（American Psychiatric Association）的精神疾病診斷準則手冊（Diagnostic and Statistical Manual of Mental Disorders，DSM-5-TR），成為正式的醫學診斷；其症狀包括每天都強烈地思念逝者，或是將所有注意力都放在逝者身上。其他症狀還包括劇烈的痛苦情緒、無法相信或接受失去逝者、無法參與各種日常活動或計畫、覺得失去了一部分的自己；這些症狀應持續至少六個月（在DSM-5-TR的標準則是持續至少一年），影響了當事者善盡工作、學校、家庭上應盡責任的能力，且狀態持續的時間超過當事者的文化或社會背景所預期的長度。

罹患悲傷疾患的這一小群人的人生，與那些單純經歷了人類共通的悲傷情緒的人大不相同。曾有一名女性告訴我，反正孩子們的祖母都已經過世、無法親眼見證了，幫他們舉辦猶太教成人禮又有什麼意義；我也曾遇過一位過去一直引領當地社群的男性，在兒子過世後不願意再像以往一樣為社群付出，因為他覺得自己「再也不在乎其他人了。」也有一位國家報社的記者因為始終無法在播報新聞、訪問受訪者時忍住淚水，最終失去了工作；她在喪夫後仍每次都採買兩人份的食材回家，儘管她清楚自己終將丟掉餐點當中已經再也沒人吃的那一半。

我很喜歡**複雜性悲傷**（complicated grief）這個詞，因為它讓我聯想到任何人在任何疾病的復原過程當中，都有可能產生的併發症（complication）。假如有人斷了一根骨頭，人體便會製造新的細胞重建骨骼，盡可能恢復原有的骨骼強度；醫生則可能會用石膏固定斷骨，協助復原的過程更加順利。重新連接斷骨是自然的人體復原過程，然而骨頭只要斷過，即便是經過了多年以後，只要一照X光，醫生就能看得出那個位置曾經受傷；悲傷也是類似的感覺，任何人的人生只要遭遇過失去重要他人的失落，即便調適得再好，也已與過往的自我不再相同。即使是骨折復原的過程都有可能出現併發症，例如感染或是再度受傷；對我來說，長期且激烈的哀悼歷程也是一樣。在一般調適悲傷的過程中，通常會出現某些併發症干擾修復的過程，我們的目標就是要辨認出這些症狀並妥善解決，才能讓當事人回到一般的適應歷程。稍後我們會一起深入探討其中一種悲傷併發症，這種現象源自於調適失落的歷程中會出現的某種思維。

在本書中我最常用來指稱這種悲傷疾患的字眼是**複雜性悲傷**，這個詞彙在我提及的這些研究進行時正當流行；而我指的正是人類面對重要他人去世後，因悲傷所引起的嚴重又長期持續的併發症。而所謂的「慢性」悲傷位於整個哀悼歷程光譜的其中一端，我們可以稱這種現象為悲傷疾患。以目前的臨床科學界來說，悲傷疾患當中獲診斷為複雜性悲傷的患者（十人中佔一或二人）與獲診斷為延續性悲傷疾患的病患數量（一百人中佔一至十人）相比，佔大多數。儘管每個詞彙之間略有不同，我真正想要指稱的正是位於悲傷歷程光譜其中一端，罹患悲傷疾患的那些喪親者。

悲傷與大腦結構

有些人面對悲傷能夠適應良好，有些人卻會產生複雜性悲傷，他們的大腦是否有所不同？失去摯愛親友會影響人類大腦，而悲傷與大腦之間的相互影響則是雙向作用；大腦結構的完整程度會影響其功能，也會左右人類理解及處理死亡這件事的能力，影響事件對當事人生活產生的意義。從最誇張的角度來說，假如一個人沒有良好的記憶力，或是根本無法形成新的記憶，就必續被反覆告知摯愛親友逝去的事實。大腦裡如果缺少儲存記憶的結構，他們就必須一次又一次承受初次面對親友死亡的衝擊。

人類大腦靠認知容量（cognitive capacity）*來保存記憶、建立計畫、記得自己是誰、想像未來，這些能力讓人們有機會重新建立充實的生活。科學界已經開始探索，喪親者的大腦功能與結構對心智容量（mental capacities）**的影響及其與悲傷之間的關聯性。鹿特丹伊拉斯莫斯醫學中心（Erasmus Medical Center）的研究人員發表了一系列研究成果，揭示了人類的認知過程與大腦在面對喪親哀慟時有何變化。我在二〇一八年前往荷蘭學術休假時，有幸與這些研究人員攜手合作。

一九八〇年代中期，這些醫師與研究人員很有先見之明地預測，未來高齡者會成為荷蘭人口組成的一大部分；如今美國也正在面對人口高齡化的問題。他們同時預見，人口組成的變化會導致未來罹患慢性疾病的高齡者越來越多，而探討這些慢性疾病成因的最佳方式，就是暸解其風險因素；於是這些專家們展開了龐大的流行病學研究。

正如同我在前文所說，要想梳理清楚疾病成因，就必須做前瞻性研究——在研究對象得到該疾病前就對這些人進行評估，等到其中某些人罹患心臟病、癌症、憂鬱症後，再進一步追蹤他們的狀況。有了患病前後的資料，研究人員就能回頭檢視當初存在的風險因素；更重要的是，大量的樣本數使研究人員能夠追溯過去，探討未罹患以上各種疾病的人身上是否存在同樣的風險因素。

這些荷蘭的研究專家很聰明地在鹿特丹某一典型社區中心附近建了專門的醫學研究機構，針對居民做定期生理及心理評估，集中保存各種紀錄，研究人員也因此得以融入社區。以針對悲傷進行的研究來說，他們做了一項徹底改變喪親哀慟研究的重大決定——不僅詢問前來接受檢查的人是否歷經喪親悲傷，也會以標準化的診斷指標來判斷就診者的悲傷嚴重程度；我們因此蒐集到了橫跨多年的資料，了解許多高齡者的悲傷軌跡。

這項研究中來自荷蘭的受試者都做了大腦結構性磁振造影（structural MRI），這種磁振造影技術與功能性磁振造影的不同之處在於，後者能顯示神經細胞受激發的位置。我在首例悲傷研究中就運用了功能性磁振造影技術，藉此判斷哪些腦區專門掌管特定心智功能（例如記憶或情緒）。結構性磁振造影就是另外一回事了，這種技術能呈現出骨頭、腦脊髓液、大腦灰質的影像（基本上就是更高級的立體X光技術）；因此除了大腦，結構性磁振

---

* 譯註：指大腦在任一時刻能夠保存的資訊量。

** 譯註：指在特定時刻針對某件事做出某種選擇的能力。

造影也可以用來呈現膝蓋或心臟的影像。更重要的是，這種技術也能顯示出大腦灰質與白質的結構完整性。有趣的是，大腦「並不堅實」，每個神經細胞之間都隔著微小的空間。各位可以試想兩根形狀大小完全相同的骨頭，如果其中一根有骨質疏鬆的現象，可能就會因為其中有許多孔洞而結構鬆散易碎，這也就表示這根骨頭的結構完整性不佳；即便兩根骨頭大小相同，其容積卻不一樣。同樣的，人類大腦的神經細胞會因為一般老化的過程、受傷或疾病而開始萎縮，導致神經細胞之間的空間增加。研究人員可以藉由結構性磁振造影看出大腦是否產生這種現象，也可以比較不同受試者的大腦容積。

這項來自鹿特丹的研究比較了一百五十位有複雜性悲傷症狀的老人、六百一十五位喪親但未產生複雜性悲傷症狀的人，以及四千七百三十一位未喪親的人的大腦影像；其中沒有任何受試者罹患了重度憂鬱症，因此研究結果明顯是與悲傷相關（而不是憂鬱症）。有複雜性悲傷現象的受試者群體與未喪親的受試者群體相比，腦容積明顯較低，未喪親的群體與喪親但適應良好的群體的大腦成像則沒什麼差異。[24]所以除了面對喪親傷慟以外，高齡者還要有嚴重的悲傷症狀，才會與腦容積略為縮小的現象有所關聯。

每一張磁振造影成像都只是當下的畫面，也只是整體資訊的其中一個橫切面而已，因此無法藉此證明較小的大腦容積是喪親傷痛的前因還是後果。雖然在複雜性悲傷疾患的人身上發現較小的大腦容積，但無法確定這種結構性差異是出現在他們面臨喪親傷慟之前，還是在那之後才產生。假如大腦本來的結構完整性就不佳，可能導致這個人對於喪親傷痛的適應能力較差；然而強烈悲傷情緒帶來的壓力也可能導致大腦略為萎縮，而這稍微縮小、沒那麼健康的大腦，就有可能導致這個人比較難在哀悼的過程中順利學習或適應。因此重點在於，我們從這個規模龐大的高齡者研究中可以發現，平均而言，最難以適應喪親傷慟的那些人與其他人相比，具有某些大腦結構上的差異。

這項研究結果也帶來後續的疑問：喪親者或有複雜性悲傷的人的認知功能是否產生改變。哀悼是一件相當耗費心力的事；人在面對摯愛的親友過世後，如果想運用心智容量計畫未來，就得提取過往的經驗、思考並預想未來的可能性，將個人秉持的人生價值觀、目標與渴望銘記在心——同時也得考量自己當下的狀況與對這個世界的認知。要想統整這些資訊並做出有連貫性的計畫，可得耗費相當大的認知容量！

值得注意的是，許多喪親者都表示自己變得難以專注。我們可以運用標準化的認知測驗來判斷喪親者的認知容量是否與未喪親者不同，不過人在面對喪親傷慟時會難以專注，可能是認知容量以外的因素所導致。例如，喪親者可能因為一直想著逝者或是失落的感受而難以專注；不過假如喪親者已全神貫注地做認知測驗，卻依然表現不佳，我們就能判定結果不理想是認知障礙導致。有鑑於此，幸好這項鹿特丹研究的研究人員除了探討大腦結構以外，也讓受試者做了認知測驗。

關於喪親傷慟的認知功能

在鹿特丹研究中，年長受試者進行了一系列認知測驗，藉此測試他們的短期及長期記憶、資訊處理速度、注意力及專注能力、單字記憶及關聯能力、整體認知功能。這些測驗涵蓋了找詞遊戲、符號對對碰、故事重述、堆疊積木這幾種形式，測試內容的選定皆考量了受試者的年齡及教育背景。精神科醫師兼流行病學家漢寧・泰梅爾（Henning Tiemeier）發現，喪親傷慟適應良好的受試群體與年齡相當的未喪親受試群體測驗表現相當。因此可以證實，單單只有喪親傷慟並不會影響人的認知容量。

然而複雜性悲傷受試群體的認知測驗表現，就不及喪親後適應良好的群體了。相較之下，受複雜性悲傷所苦的受試者整體的認知功能略低一些，資訊處理速度也較不理想。在這裡我得重申，悲傷與認知功能受影響之間的因果關係仍是個雞生蛋、蛋生雞的疑問；是適應重要他人死亡的壓力影響了人的認知功能，還是年長者的認知功能轉變影響了他們處理重要親人死亡事件的能力？整體認知功能下降可能導致更嚴重的悲傷疾患，畢竟認知容量越低，要調適失落就越難。或者，延續性悲傷可能會改變大腦神經細胞的結構，進而影響由大腦控制的心智功能，導致認知功能受損。

目前我們還沒有太多證據足以梳理清楚這些疑問，但我認為科學一定會帶來更多進展。這項實驗讓同樣一群高齡受試者在七年後進行認知測驗；與對於悲傷適應良好的族群相比，產生複雜性悲傷的族群依然有較大比例出現某些整體認知障礙，適應良好的受試者的大腦則仍然跟未經歷喪親的受試者沒有什麼分別。[25]這項數據顯示，對於大部分能夠順利適應喪親傷痛而不留後遺症的人來說，死亡帶來的失落是人生必會經歷的正常現象；然而在那些產生複雜性悲傷的人身上，卻出現了不一樣的反應。泰梅爾和研究同仁如此詮釋他們的研究結果：至少以年長者來說，有輕微認知障礙的人更有可能對於失去重要他人產生較嚴重的悲傷反應，導致他們更容易產生複雜性悲傷。

但也因為這些人的認知功能可能是在好幾十年之間慢慢下降，所以認知功能減弱可能並非喪親傷慟所造成；只因為喪親事件是生命中的重大轉折，很容易就被歸咎為認知功能下降的肇因，但摯愛親人的死亡可能只是在當事人認知功能緩慢下降的過程中發生。我認為這個領域還需要更多、更廣的研究探索，也很希望可以更深入了解這些面對複雜性悲傷的年長者，進而探討能否發展出有效療法協助他們調適悲傷，同時減緩或阻止認知能力的下降。

另外很重要的是，這項研究仍然有其限制；例如，以面對失落的中年或更年輕的族群來說，就不太可能將認知能力下降歸咎於複雜性悲傷，目前也尚未在年輕族群身上進行以認知測驗結合結構性磁振造影的研究，且至今研究所使用的也是群體的平均數據。即便輕微的認知能力減損是造成複雜性悲傷的風險因素，但由於長期間發生的認知功能下降很可能是大腦老化與喪親事件造成的壓力交互作用的結果，因此若有任何人產生複雜性悲傷，我們也無法直接斷定那就是輕微認知障礙所造成。

此外，以心理治療處理複雜性悲傷，可能也能夠提升當事人的認知功能。澳洲臨床精神科醫師理查德・布萊恩特（Richard Bryant）和費歐納・麥卡倫（Fiona Maccallum）在一小部分罹患延續性悲傷疾患的個案身上使用認知行為治療（cognitive behavioral therapy，CBT），接著分別測試這些個案接受治療前後回憶特定記憶片段的能力。[26]他們發現，經過心理治療，喪親者更能夠喚起具體的自傳式記憶，那些在悲傷治療過程中進步最多的個案，他們的這種記憶能力也顯著增加。我們可以判斷，延續性悲傷與認知功能不佳雖然不是互為因的果關係，但可能有所關聯；因此假如我們能夠處理延續性悲傷，可能就也能夠解決認知障礙的問題。

複雜性悲傷的心理治療

想像你在賣場選購了一週份量的食材準備結帳，看著櫃檯輸送帶上的商品，耳朵裡聽見店員一項一項刷過商品條碼的聲音。一位名為薇薇安（Virian）的寡婦發現自己每週都會來到同一個地方，面對同樣的場景；她一邊看著結帳的過程，一邊心想：「其實我自己也知道，最後這些食材有一半都會被我丟掉。」為什麼呢？其實直到現在，她每晚依然維持和過去一樣的習慣，為已逝的丈夫精心準備餐點，但她自己根本吃不完兩個人的量，因此每晚她都得把剩下一半的餐點扔進垃圾桶。然而到了下個禮拜，她卻發現自己仍然在賣場裡選購和上禮拜一樣多的蔬菜、義大利麵、漢堡包、鮮奶。她實在無法阻止自己繼續為已逝的丈夫購買食材，彷彿她如果不繼續為他煮飯，那條已將他們連結在一起四十年之久的緣結，就會因此被切斷最後一絲聯繫。也因為覺得除了這件事，其他的一切都已脫離自己的控制，薇薇安現在能做的也就只有繼續為已逝的丈夫煮飯了。她其實很清楚自己的行為並不合理，因此她煮完飯後並不會在餐桌擺上丈夫的餐盤和餐點——她很清楚，丈夫確實已經過世了；而她也因為擔心親朋好友會覺得自己瘋了，所以把這個晚餐儀式當作個人的秘密。

後來薇薇安聽說了複雜性悲傷心理治療（Complicated Grief Treatment，CGT）的存在，雖然心裡不抱太大希望，但也發現自己好幾個月來丟掉一半食物的行為符合廣告上說的症狀，因此還是預約了心理治療的時間。複雜性悲傷心理治療是哥倫比亞大學的精神科醫師凱西．席爾發展出來的療法；席爾進行了隨機臨床實驗，證明專門用來治療複雜性悲傷症狀的心理治療確實有效，而且與採用其他心理治療方式的控制組相比，運用複雜性悲傷心理治療的個案恢復的比例更高。席爾的研究曾在《美國醫學會期刊》（*Journal of the American Medical Association*，JAMA）和《美國精神病學期刊》（*American Journal of Psychiatry*）上發表；即便個案是年長者，接受其他心理治療的人當中有百分之三十二的人成功恢復，接受複雜性悲傷心理治療的個案則有高達百分之七十的人順利恢復。[27]

於是薇薇安展開了六週的密集治療。一開始療程的重心是要讓薇薇安了解悲傷運作的機制，接著心理治療師與薇薇安聊到，許多人覺得被悲傷綑綁而無法前進是自己的問題，而薇薇安就是這麼想的。薇薇安告訴治療師，身邊許多親友都覺得她該重新站起來「前進」，不過治療師說，他會跟她一起探索悲傷導致的各種併發症為她的生活帶來哪些阻礙，同時在每一次療程之間給她功課，讓薇薇安藉此建立未來在生活中會用到的各種技巧。治療師請薇薇安觀察並寫下自己的思維與感受，這樣他們才能在下一次療程找出對薇薇安來說最大的問題。

對薇薇安來說，她覺得最大最明顯的問題就是自己到現在還是會買兩人份的食材，而治療師則說，這是雙歷程模式裡的恢復導向壓力因子——重要他人去世後，當事人必須重新適應採買家用品與煮飯的新方式。不過心理治療師也想多把焦點放在失落本身，於是他問薇薇安能不能讓他記錄她敘述丈夫去世的過程（薇薇安從未對任何人訴說丈夫過世那一天的細節）。她對治療師解釋道，丈夫當初已經在醫院住了好幾個禮拜，而她也日以繼夜地守在他床邊；他們夫妻倆非常親密，因此就算丈夫偶爾才會清醒過來，她也希望自己隨時都在他身邊。不過就在其中一天下午，護理師看薇薇安每天都在丈夫身邊守著，因此溫柔地建議她回家一趟，洗個澡、帶些乾淨的換洗衣物再回來；當時已經精疲力竭的她聽了護理師的話回家。一個小時後她回到醫院，護理師卻告訴她深愛的丈夫已經去世了，薇薇安因此沉浸在悲傷與罪惡感中。她對心理治療師說這些話時，覺得身上的擔子如有千斤重般地令她難以啟齒。「我從來沒跟任何人說過，但我覺得那都是我的錯，」她說道，「他走的時候我根本不在他身邊。」

複雜性悲傷心理治療會讓當事人反覆面對失落所引發的強烈情緒，深入那些令人難以承受的感覺來處理相關壓力，同時教導個案各種彈性收放情緒的技巧。薇薇安和治療師一起找出自己不斷逃避的那段回憶，接著練習以各種方式重新體驗；治療師請她每天聆聽自己訴說那段回憶的錄音，藉此鼓勵她接受失去丈夫的事實。這項作業因為必須面對悲傷帶來的痛苦，所以她勢必也得同時學會相當程度的自我關懷（self-compassion）；同時，薇薇安不僅要「適度地」面對悲傷之慟，也要學會放下——這正是我們在雙歷程模式裡會看到的擺盪現象。

為了處理恢復導向的壓力，心理治療師問薇薇安能不能只煮一人份的餐點。薇薇安說：「如果是這樣，那我寧願乾脆不要吃飯。看著鍋子裡、盤子上都只有孤零零的一顆小馬鈴薯，想到就令人沮喪，我一定會覺得很寂寞。」那她還能拿那些多餘的食物做什麼呢？薇薇安決定出門買一些容器，開始把多出來的餐點冰進冰箱裡。她知道自己根本不會吃那些食物，但她願意去問問教會裡有沒有人需要。結果，負責協調教區居民家訪的志工表示，他們十分樂見有人提供家常菜幫助有需要的人。薇薇安對治療師說，她並沒有打算親自去家訪那些獨居者，可是她願意把冷凍起來的餐點帶去教會，讓其他人分享出去。

對許多沉浸在悲傷中許久的喪親者來說，與治療師一起找到某些能夠激起心中一絲絲興趣的目標或活動，都可以說是一大進步。療程結束之前，治療師與喪親的當事人會一起努力增加他們與社會的連結，找到友善、關愛的人在未來繼續陪伴他們，或是在這過程中增進與這些對象的關係。對薇薇安來說，即便只是嘗試用新的方式做某件事，都是朝正向循環進展的一部分。而那位負責協調家訪的志工正好是位活力充沛的年輕女性，她超愛聽薇薇安分享人生故事，還有那些以前和丈夫一起旅行的經驗；更棒的是，她也很喜歡薇薇安煮的菜！

心理治療師在進行複雜性悲傷心理治療時，會帶領個案「想像與逝者對話」；薇薇安在其中一次與腦海中的丈夫對話的過程中，坦誠地說出自己有多愛他，同時也感受到心中充滿丈夫對她的愛。「我覺得當初他是因為實在太愛我，才不願意在我人在醫院時離開。」她這麼說道，「也許那時候我離開反而是件好事，這樣他才能好好地走。」她的愛帶來了堅強的力量，也令她領悟，至今將自己和丈夫緊緊連結在一起的並不是她烹調的任何食物，而是彼此之間永遠不會消失的深刻情感。後來，薇薇安依然為教區的居民烹煮餐點，但出發點不再是因為情不自禁地想為已逝的丈夫煮飯，而是因為這是一份善舉。

目前受過複雜性悲傷實證心理治療（evidence-based psychotherapy）訓練的心理治療師相對較少，且除了複雜性悲傷心理治療以外，也有其他具備實證基礎的心理治療方式，如暴露治療法（exposure therapy）、認知行為治療。[28]歐洲有研究指出，目標導向的認知行為治療在團體的框架下也相當有效。喪親傷慟科學界也正在努力追求進展，希望更了解複雜性悲傷心理治療的重要成功關鍵為何，同時也希望探討喪親者在治療過程中必須產生哪些改變才能順利恢復。

診斷複雜性悲傷的難處

心理疾患與人類平時面對的情緒困境之間的界線十分模糊；一個人如果會因為幻聽到的聲音而相信某些可怕的事，我們可以判定這是心理疾患；假如有人因為嚴重的焦慮感而不敢走出家門，這也可以判斷為心理疾患；如果有人記不起重要他人的名字，或者因為精神上的痛苦只想尋死，我們也會將這些狀態視為心理疾患。心理學家與研究學者都潛心研究，想了解並清楚區別悲傷疾患與人類共通的失落痛苦之間的界線，例如列舉出各項診斷標準、評估維持日常生活的機能、界定逝者離世後過了多長時間是應該恢復的時間點，以及以當事人的文化背景來說，他們的反應是否合乎常理。

對於從未體會過失去摯愛的心碎感受的人來說，用複雜性悲傷來描述哀悼的體驗或許能讓他們順利表達內心的巨大痛苦，但即便不構成悲傷疾患，哀悼通常也都會伴隨著痛苦。我擔憂的是，人們用複雜性悲傷來定義感受，是因為他們擔心自己會如此悲傷、如此沉痛，還有那一股又一股拍擊上心頭的悲傷都是不正常的事；然而大家會這麼擔心確實合理——畢竟即便是在最正常也最自然的情況下，哀悼仍然需要時間、重拾充實生活也需要時間。但我確實憂慮各種專家與當事人本身會做出過度診斷，畢竟我們的文化環境尚未徹底了解哀悼的過程，他們很可能會單純為了給自己的情緒反應一個理由，就判斷自己有複雜性悲傷。

我也曾遇過有些人把複雜性悲傷當成對已逝摯愛永遠忠誠的勳章，彷彿這樣才能表達自己對逝者深刻的愛意。然而身而為人，我們勢必會有面對悲傷的一天，因此一定要慎之又慎地作出診斷，才能判斷哪些人是真的因為複雜性悲傷而需要介入治療。有了正式的診斷術語後，像我這樣的臨床醫師才能夠順利與同仁和保險公司聯繫、討論，如此需要介入治療的悲傷個案才有機會走上恢復的道路。具備了正式診斷名稱，我們才能開始運用經謹慎研討與實證研究的心理治療，為受複雜性悲傷所苦的個案創造契機，帶領他們走上通往充實人生的道路。

〔第6章〕思念最深愛的人

深愛之人離我們而去的那一刻，心弦彷彿被猛力扯出胸口，直到它終於繃斷為止。這些人與人之間的依附連結、連繫，縱使看不見也摸不著，卻是千真萬確的堅實存在。我們和深愛的親友正是靠著這種連結緊緊地繫在一起，這種緣結就像彈力繩一樣，總是讓我們回到對方身邊；分別時，也總讓我們有種少了什麼的感覺。

我印象最鮮明的經驗，是二十幾歲時要和配偶分開的那一次；當時我們正新婚，才剛辦完婚禮幾個月，而我母親則正在安寧照護。我和太太一起住在亞利桑那州（我們就是在那裡念的研究所），而母親則住在我的故鄉蒙大拿州。人在罹患絕症時，會時不時出現各種醫療緊急狀況，我母親就是這個樣子，因此我時常得飛回老家看她。從我一歲半起，就時常搭飛機來往各地了——因為母親是英國人，整個母系家族也都住在英國，我的童年就在不斷地坐飛機往返之間度過。因為母親實在病得很重，每次坐飛機時我總是帶著強烈的情緒，再加上不斷來來去去的那種動盪不安感，導致後來我開始害怕坐飛機。每一次踏上飛機，我心裡就會充滿恐慌，而飛機準備落地或遇到亂流時，我就會做一些令人尷尬的舉動來安撫自己度過這些時刻，例如在座位上搖晃身體、小小聲地對自己唱歌。

一九九九年十二月，那是母親過世前的最後一次醫療緊急狀況；姊姊早已經飛回家了，她建議我最好回家一趟。我和太太都覺得，我先獨自返家，確定狀況嚴重程度以後，再決定太太要不要也飛到蒙大拿州是比較合理的決定；假如真的有什麼狀況需要她出現，晚幾天再飛過去也沒問題。那一次登機，是母親生前我最後一次搭飛機去看她，而我也因此不得不與我在這世上最親密的人暫時分開，逼自己踏進令我感到恐懼的機艙裡——彷彿把連結著我們的那條心弦狠狠撕裂開來。儘管我心裡清楚這個決定再正確不過，但大腦的每一個部分都在大聲尖叫著要我別離開她；人類大腦裡強大的化學物質與神經細胞連結，試著避免我遠離最安全又充滿愛的對象。我是個幸運的人，因為我知道自己一定還會再見到她，但我永遠也忘不了分離帶來的那種痛苦有多強烈。

假如你的心愛之人還活著，但身在遠方，那麼心痛的感覺是維持你們之間情感的強大力量，但如果我們知道對方再也不會回到自己身邊，這種痛就變得令人難以承受。悲傷帶來的痛超越了個人情感，那是一種精神上的痛苦；然而悲傷為何讓人這麼痛呢？我對大腦的研究也涉足了這個疑問，我認為人類大腦有各種強大的工具，包括賀爾蒙、神經化學物質和基因，這些東西加起來，就會製造出令人痛苦且似乎難以承受的強烈感覺。

你是誰？

在解釋為何失去摯愛令人如此痛苦之前，我想先談談別的話題，讓各位了解大腦一開始是如何分辨出那個最特別的重要他人。為了搞清楚我們是為了誰的離去而感到痛苦，大腦其實要處理一個很有趣的問題；對大多數人來說，在平淡無奇的日常生活裡，工作下班以後就回家是想都不用想的習慣，不過各位可能會很驚訝的是，大腦其實每天都得花費一定的記憶體才能記得晚上是要回家跟誰過日子。大腦必須要能夠記得每天晚上回家共進晚餐的對象是那個特別的人，而不是在路邊注意到的其他俊男美女。你深愛的那個人在經過了十年、二十年的光陰後，一定跟當初你們相識相戀時的樣子大不相同，但我們卻依然能確定對方就是當初相遇、結婚的那個人，或是當初我們生下並養育成人的那個孩子。人類大腦裡有一整個名為梭狀回（fusiform gyrus）的區域，專門用來記憶人臉，並且幫助人類辨認、記住哪些人是「自己人」。腦神經科學家發現，這個腦區是用來思考並辨識人類面孔的區域，曾經因為中風或腦傷而影響梭狀回的人，便會失去辨識熟悉面孔的能力，這就是所謂的臉孔失認症（prosopagnosia），會致使患者無法分辨出最熟悉的人，如：他們的另一半。

當初在一九九〇年代，指稱梭狀回腦區是用來辨識人類臉孔，或者說提出了人類大腦特定區域有**臉孔專門性**（face-specificity）的理論，其實受到了相當多的爭論與探討；這種又稱為**知覺專家性假說**（expertise hypothesis）的理論，是源自於心理學家蘇珊・嘉莉（Susan Carey）和神經學家瑞雅・戴蒙（Rhea Diamond）的實驗。專家性假說認為，梭狀回腦區或許可以專門用來辨識任何類別的物件，例如如果是汽車類別的話，就可以辨識Mini Cooper或一九五七年的雪佛蘭。我們可以把這個腦區想像成車迷或是狗展的評審，它會根據辨識的物件類別調整其辨別專長；這些所謂的專家必須要在「車子」、「狗」這樣廣泛的類別下做出細緻的區分。專家性假說認為，梭狀回腦區會專門用來辨識人臉，是因為所有人類都是辨識人類面孔的專家；在各式各樣的場合中，無論燈光條件或角度，人類都得辨認出特定的面孔，就像專業的狗展評審得在同一品種的好幾隻狗之間評比出高下。人類在嬰兒時期時，就算在視力最好的狀態下，也只能看到距離二十至三十公分左右的物體，因此正好可以對焦在將他抱在懷裡的照顧者身上；人類從這時候就已經開始訓練辨識人臉的能力，隨著成長逐漸成為分辨面孔的專家。一個人若想適應人類社會，就得隨著不斷發展、長大成人的過程繼續學習關於辨識人臉的學問。至於梭狀回究竟只能辨識人臉，還是其實能夠辨識任何專門類別下的物件，目前還未有定論。

不過即便這項假說目前仍存在爭議，其實還有另一個很有說服力的理由能說明，梭狀回是生來辨識人臉的腦區。這份證據來自於梭狀回腦區受傷的患者——這些人因為腦傷而得了臉孔失認症，無法辨識人臉——但他們依舊能夠分辨出其他類別的不同物件；也有一些受了腦傷卻未傷及梭狀回的人變得無法辨識其他類別的物件，卻依然能夠辨認人臉。例如，研究人員測試了一位化名為CK的腦傷患者的辨識能力；CK蒐集了上千個玩具士兵，卻很苦惱自己再也無法區分出亞述士兵、羅馬士兵和希臘士兵之間的差異，更別說是像過去那樣從一整個軍隊中分辨出特定的玩具士兵了。[29]即便如此，他仍然能區分親朋好友的面容，與常人並無不同。

我們的首例神經成像悲傷研究（請見第四章）中，喪親者看到重要他人的照片時，梭狀回確實會亮起來，而如果是看著陌生人的照片則不然；這麼推測起來，人類仔細端詳逝者的臉孔並為其哀悼，這個行為必須仰賴梭狀回。重要的是，受試者看到那些令他們想起逝者的字眼時，並不會使用專門用來辨認人臉的梭狀回，這也就表示這個腦區確實是專門用來處理人類面孔的資訊，而非其他任何能讓我們想起某個人的事物。

單身田鼠找伴侶

我們現在已經知道，大腦能夠辨識**誰**是我們的摯愛伴侶，那接下來的疑問就是，**為什麼**我們會一再選擇回到他們身邊？又為什麼摯愛伴侶消失會令人如此痛苦？關於這些問題，我們其實從一種（或者應該說，兩種）獨特的嚙齒類動物——田鼠身上發現了大腦促使動物尋找伴侶的行為機制。草原田鼠（Prairie voles）的棲息地是北美洲各地的平原，而山地田鼠（Montane voles）則住在美國西部與加拿大地勢較高的地區。令科學家注意到這兩種哺乳類動物的原因是，儘管這兩種田鼠基因十分相近，但草原田鼠是單配偶制的動物，而山地田鼠卻是多配偶制動物。許多媒體都報導過這些毛絨絨小動物之間的關係，自二〇〇七年起則開始有正式科學研究探討，田鼠在必須永遠與伴侶分離的情況下，會有什麼反應。

我們首先來看草原田鼠的交配習慣好了。以單配偶制的草原田鼠來說，牠們只要在某一天遇到了另一隻單身田鼠，與對方翻雲覆雨、度過一天後，牠們就與過去再也不同了。找到了配偶的草原田鼠會變得完全忽略其他田鼠，只想跟伴侶待在一起、合作築巢、共組家庭；這對草原田鼠就會這麼共度一生。田鼠的壽命大約有一年，如果靠人類籠飼的話則可達三年。神經科學家賴瑞．楊（Larry Young）和湯姆．因塞爾（Tom Insel，他後來成了美國國家精神衛生研究所〔National Institute of Mental Health〕的領導者）直覺認為，草原田鼠在建立關係後的這種永久改變，與大腦中分泌的兩種賀爾蒙有關，分別為催產素（oxytocin）以及與其相近的化學物質升壓素（vasopressin）。為了驗證這兩種賀爾蒙是不是大腦神經建立配偶連結的關鍵因素，他們嘗試在草原田鼠開始交配的第一天阻斷牠們的催產素分泌。在這樣的實驗條件下，草原田鼠依然會交配，但不像一般情況下那樣發展出只喜歡對方的關係；換句話說，他們並未發展出一對一的配偶關係。在另一組實驗中，研究人員將草原田鼠放在一起，但不讓牠們交配；若研究人員在這段時間內分別給母鼠催產素、給公鼠升壓素，儘管這對田鼠根本都還是處子之身，卻依然形成了永久的配偶關係。

然而與草原田鼠相比，山地田鼠就沒那麼具有社會性，也不會長時間只與同一隻山地田鼠交配。就算給山地田鼠同樣的賀爾蒙，牠們也因為是多配偶制的動物而不會與彼此發展出永久配偶關係；其中的關鍵就在於田鼠的大腦。雖然這兩種田鼠都有接收催產素與升壓素的受體，但這些受體在草原田鼠與山地田鼠大腦中的位置卻稍有不同。與山地田鼠相比，單配偶制的草原田鼠接收催產素的受體分布在依核（nucleus accumbens）的數量較多。我稍後會繼續在本章提到依核，並說明這個腦區對於人類建立關係的重要性。

鎖與鑰

催產素與升壓素這兩種賀爾蒙，對於大腦神經形成配偶關係的機制來說非常重要；對大腦來說，負責接收催產素與升壓素的受體就像鎖頭或鑰匙孔，而這些化學物質就像與之匹配的鑰匙。大腦中的受體數量會受許多因素影響，例如物種、個體、對於生命中事件產生的反應都是影響因子。大腦中有可能充斥著催產素，但如果缺少了足夠的催產素受體來讓做為鑰匙的催產素發揮作用、進而開啟運作機制，這些大量的化學物質也無用武之地，對神經細胞以及神經之間的連結起不了任何作用，也因此無法影響人類的思維、感受與行為。

大腦裡的化學物質與受體都是由基因製造，而基因就像人體的食譜一樣，記載著製造人體一切物質的方式。不過人體裡也有酶（enzymes）的存在，避免人體會不斷按照某些食譜製造出化學物質；這些酶會參與表觀遺傳（epigenetic）*的過程（epigenetic這個字的意思是『近似基因』），其所扮演的角色就像基因這本食譜的書套一樣，包住了一部分的書頁，也減少了基因能夠參考製作的食譜數量。不過在某些情況下，這個書套會被解開；以草原田鼠來說，這種特殊情況就是和另外那隻世界唯一的命定草原田鼠相遇、相識、交配的時刻。交配的過程會使大腦分泌賀爾蒙，於是整個大腦都充滿了催產素與升壓素；而因為原本套住基因食譜的酶類書套被解開了，基因就能製造出更多的催產素受體，進而增加了催產素（鑰匙）能結合的受體（鎖頭）數量。這些化學物質與受體的交互反應都得在草原田鼠注視著、嗅聞著、撫摸著剛認識的新對象，並與之互動的過程中發生；這樣一來，命定新對象的樣貌、氣味、帶來的感受就能在草原田鼠的大腦中創造出新的神經連結和聯想。（我相信對這些田鼠來說，交配的時候雖然世界依然在轉動，但時間彷彿靜止了；但我們實在難以測量出田鼠的這些感受。）

藉由某些精巧的實驗，我們就能瞭解這些配偶關係形成的機制。[30]研究人員在成對的草原田鼠第一次互動時往牠們的依核裡投藥，並禁止這對田鼠交配；然而藥物確實解開了基因食譜的書套，因此基因就能「閱讀」食譜，製造出更多的催產素受體。在這種情況下，草原田鼠大腦裡的催產素受體增加了，正如同草原田鼠在第一次約會交配時產生的情況一樣，這對田鼠也因此建立了配偶關係。因為有另一隻草原田鼠的存在，而牠的大腦也沉浸在催產素裡，受體數量又同時增加，牠們就因此形成了配偶關係；在這個過程中，牠們的配偶必須在場、在牠們眼前，這樣關於這隻田鼠的記憶與一切資訊才能被深深烙印在牠們的大腦裡，在牠們身上產生表觀遺傳。

書套一但被從食譜上解下，通常就不會再套回去，因此這項改變就會繼續維持下去，延續配偶之間的關係，形成一種永久性的表觀遺傳改變。重要的體驗（例如第一次與伴侶發生性關係）能改變我們是否**使用**某些基因（如果延續前面食譜的譬喻的話，這裡的**使用**就表示按食譜製造化學物質。）然而假如食譜上的書套沒有被解下，即便相應的基因依然存在，也無法根據特定的食譜製造出更多的催產素受體。交配也會改變動物的其他行為，例如我們會開始想要和另一半一起在優質住宅區找個棲身之處共築愛巢、一起牽著孩子去學校上課。這種永久性的表觀遺傳改變正是促使我們一次又一次回到配偶身邊的動力來源，也是我們認定對方就是「唯一」的原因。只要與對方在一起，我們的依核就會開始製造其他能夠鞏固這段關係的物質，其中包括多巴胺（dopamine）與類鴉片（opioids）物質，讓我們喜歡和對方待在一起；我們也因此能夠一次又一次地辨認出我們的唯一，在每一次回到他們身邊時都感到舒心又愉快。

＊譯註：指在不改變DNA序列的情況下調節基因表達。

在紐約相見

二〇一五年，我獲邀去紐約市參加哥倫比亞大學舉辦的工作坊；現任教於美國科羅拉多大學波德分校（University of Colorado, Boulder ）的神經科學家佐伊·唐納森（Zoe Donaldson）帶來了一小群研調人員，從不同角度切入研究關於悲傷的腦神經科學。唐納森與一部分研究人員專門研究田鼠，而我和其他另外一群人則是臨床神經科學家；我們各自提出了自己的研究內容，試著將發現的成果轉化為跨領域的知識。當天晚上我們一起在曼哈頓共進壽司大餐，繼續進行對談激發靈感；我們很想知道如何才能夠測量出囓齒類動物的悲傷。唐納森提出的問題是這樣——要如何測量動物對於失去某種東西的感受呢？這個疑問一直推動著我們這一小群神經科學家，繼續從大腦的角度探索動物與人類調適失落所需要的各種能力。

其中一位我在紐約認識的研調人員是來自德國雷根斯堡大學（University of Regensburg）的奧利佛·鮑許（Oliver Bosch）；他的研究相當創新，主要是觀察有配偶關係的田鼠與另一半分開後會發生什麼事。除此之外，他對於田鼠失去另一半時，大腦系統運作的細微變化也有精巧並深入的探討。

正如鮑許所指出，對任何具社交性的哺乳類動物（從人類到猩猩、田鼠）來說，被孤立都是壓力來源。除了一般的社會孤立（social isolation）外，如果將包含人類在內的各種動物與其關係親密的親族分開，也會導致特殊壓力反應；田鼠在與配偶分開時，會產生更多與人類皮質醇（cortisol）這種壓力激素相近的賀爾蒙。與配偶分離的田鼠大腦裡也製造出更多會刺激大腦產生囓齒類皮質醇的賀爾蒙——促腎上腺皮質激素釋放激素（corticotropin-releasing hormone，以下簡稱為CRH）。除此之外，動物每天辛苦了一天回到家後，另一半就會付出關心與照顧，這也導致分離顯得更難受。一般來說，田鼠只要在遭遇壓力情況後回巢，伴侶（無論公母）都會藉由舔舐與理毛的行為來安撫對方。我也確實聽過喪親者這麼描述個人體驗，他們覺得悲傷帶來的壓力會如此特殊又令人痛苦，正是因為必須獨自一人面對這些糟糕的感受，不像以往那樣有個人可以在他們狀態不好時接住他們。

我很幸運有機會到雷根斯堡大學拜訪鮑許，他在那跟我說了關於田鼠的奇妙故事後續。我覺得特別有趣的是，田鼠之間一但建立配偶關係，牠們的大腦就會受到促發，準備好在伴侶不見蹤影時立刻製造出CRH。這樣一來，田鼠的大腦就會在找不到伴侶的當下馬上釋放皮質醇，促使牠們去找回另一半，減緩分離帶來的壓力。鮑許將這種關係建立的情況比喻為手槍上膛的狀態，而分離正是導致扳機扣下的原因。他說，囓齒類動物大腦中的

CRH因為分離而增加，使得大腦中催產素（鑰匙）與受體（鎖頭）之間的關係無法正常運作。通常這些田鼠小夫妻只要一重聚，大腦裡的催產素就會立刻恢復正常運作，壓力賀爾蒙的量也會恢復正常。在面對喪親傷慟時，正因為失去了配偶才能夠給予的支持，生理壓力才無法停止下來。

長久的悲傷

當然啦，人類大腦既然比嚙齒類多了兩磅的重量，人與人之間的連結系統也就比田鼠複雜得多。人體內應該都有著類似的原始機制在背景運作，但是這整個系統又會受到大腦內巨大又已進化的新皮質（neocortex）調節及重塑；對大多數人來說，與深愛的人在一起就能感到安全又舒適，與認定的伴侶接觸、互動時，大腦的某些特定區域也會釋放出具獎賞作用的化學物質。

我們需要摯愛的那些人，同時也有依附需求，這些都是生而為人的基本需求，因此人一旦缺乏社交、過著與他人疏離的生活，就會提升早逝的風險。[31]多數人可以隨著時間流逝學會如何順應新的現實狀況來調整依附需求，如：增強與其他仍在世的重要他人之情感連結、發展新的依附關係、轉換與逝者之間的關係。至於與逝者之間關係的轉換（也就是持續性連結），也讓我們至少得以在自己心裡的虛擬世界與逝者相聚。然而令臨床心理師感到擔憂的，正是那些在失去重要他人後難以將破碎人生拼湊完整的人，他們在面對失落後受複雜性悲傷所苦。以科學研究的角度來說，我想了解在悲傷軌跡走向復原良好以及產生複雜性悲傷的這兩群人，在面對提醒自己深愛之人已逝的事物時，會有什麼不同的反應，以及是什麼問題導致那些深陷於複雜性悲傷的人難以重新全心投入自己的人生。

在我做第二個神經成像悲傷研究時，我和加州大學洛杉磯分校的社會神經科學家馬修．李柏曼（Matthew Lieberman）、奈歐密．埃森伯格（Naomi Eisenberger）運用了和我第一個神經成像悲傷研究一樣的方式，讓受試者觀看逝者的照片和相關的字眼。經過實驗後，我們將所有受試者以適應程度分類，發現大致與第一項研究結果相同。受試者看著已逝重要他人的照片以及相關字眼時，產生活動的腦區有相當程度的重疊，例如深埋在大腦中央的腦島和前扣帶迴皮質。正如前文所述，人無論是感受到生理上還是情緒上的痛苦，這兩個腦區都時常一起產生活動；更精準一點來說，是因為人感受到的一波波痛苦感受實在太明顯、太難以忽略，才會引發這些腦區的活動。這種因為悲傷而感受到痛苦的能力其實很有用處，而且也有許多人認為悲傷令人「疼痛」。

以面對複雜性悲傷或喪親適應情況良好者為對象所進行的大腦神經活動研究，我們之後會再提及，然而在這之前，我想先跟大家分享幾件透過腦神經科學所了解到的事。先前我們說過，生理上的疼痛是一種感官的感受，而人在疼痛時感受到的痛苦正是人體對我們發出的警告。這種痛苦是大腦在引起你的注意，大聲疾呼：「嘿，這件事很嚴重哦！別再摸了！再摸就要受傷了！」各位可以把這種感覺想成疼痛的「突顯性」（salience）*，而腦島和前扣帶迴皮質就是負責傳遞這種訊息的腦區。人類在進行社交互動時，若遭受拒絕或區別對待，也可能會因此產生疼痛感；即使我們現在已經知道大腦中負責處理情緒上與生理上之痛楚的神經細胞並非全然相同，然而處理這兩種疼痛之突顯性（也就是大腦讓我們知道某件事很重要、很糟糕、很嚴重的方式）的區域卻十分相近，導致這兩種體驗都會令人感到痛苦。

絕無僅有的存在

觀察第二項神經成像悲傷研究的受試者時，我們發現所有喪親者大腦裡，每一個會向人體警示悲傷的腦區都有活動。我們也觀察了適應情況良好的族群與產生複雜性悲傷的族群各自的大腦活動；為了找出這兩個族群面對悲傷的差異，實驗前也已確認這兩組受試者在其他方面的條件都相似；包含平均年齡、重要他人離世後經過的時間，且她們不僅都是女性，也都是因為乳癌而失去母親或姐妹。另外，所有受試者的重要他人都不是突然離世，而是歷經數月的病程與治療以後才過世。

我在這個神經成像研究中認識了一些非凡的人，到現在還忘不了其中一位因為乳癌失去了姐姐的中年女性。她們兩姐妹不僅都是髮型師，還在同一家髮廊工作；她們住得很近，甚至連度假都一起去。妹妹雖然已結婚生子，但姊姊仍是她在這個世界上最親的人，所以姐姐的去世為她帶來了巨大的打擊。再也無法每天和姊姊互動令她覺得失落不已，畢竟那是從她出生以來就一直陪伴在左右的人。她非常珍惜和姊姊的關係，也知道這樣的姐妹情誼彌足珍貴；不管是現在還是未來，她再也無法遇到能與她分享一切人生經歷的人了。沒有人能再像姊姊一樣了解她的人生和日常生活，因此她覺得自己的人生變得無比渺小、毫無意義；這位女性面對的就是複雜性悲傷。

實驗中，複雜性悲傷與適應情況良好的受試者的神經成像差異在於依核，也就是對田鼠之間發展單一配偶關係來說不可或缺的那個腦區。[32]許多人也知道，依核是大腦酬賞機制中的其中一環（稍後我會更詳加說明），例如熱愛巧克力的人看到相應圖片時會產生的反

*譯註：指事物引人注意的特質；大腦會特別注意具突顯性的事物，以利生存。

應。上述兩組受試者相較之下，罹患複雜性悲傷的受試者依核活動更為劇烈；在進行大腦成像掃描前的訪談，我們請受試者以一到四分評斷自己近來渴求已逝重要他人存在的程度。比較了此研究中所有受試者後我們發現，受試者渴求的心越強烈，他們依核的活動也就越明顯；此外我們也觀察到，不管是受試者的重要他人過世後的時間長度還是受試者的年齡，甚至是受試者感受到的正面與負面情緒多寡，都與依核的活動強烈程度無關。只有渴求——那種渴望或想念的感受——才會影響依核顯示出來的神經活動數據。

研究結果顯示，兩組受試者相比，因為調適不良而產生複雜性悲傷的受試者，大腦內負責酬賞的運作機制活動反而更為強烈，這聽起來似乎有點怪；我要先澄清的是，神經科學家所指的酬賞並不全然都是令人愉悅的事物。酬賞指的是大腦裡那種「對，那就是我們要的，再一次吧，我們再見他們一次吧。」的感受。許多以人類為研究對象的神經成像研究都顯示，受試者看著他們（在世的）伴侶或孩子的照片時，依核就會產生活動；就像前文提到的髮型師，如果在姊姊還在世時看著姊姊的照片，她的依核就會出現活動跡象。為什麼有複雜性悲傷的受試者會產生更強烈的神經活動？我們認為，這些經歷複雜性悲傷的受試者看到逝者的照片時，大腦內的酬賞機制會受到刺激，是因為他們依然渴求再見到逝者，那種心情正如同大家面對仍在世的重要他人會有的反應一樣；而適應良好的受試者則已預期這種酬賞再也不會出現。

我想要再次澄清，雖然狂熱渴望時常就意味著成癮現象，但所謂的成癮又與我所認為複雜性悲傷產生的狀態不同。其他研究人員曾提出，人可能會對摯愛的重要他人「成癮」；然而以我個人的經驗來說，這種說法不僅會污名化那些因失落而深陷痛苦的人，同時也不夠精準。我們可以拿其他的人類本能需求來比較，例如人類都需要食物與飲水，因此飢餓與口渴便是人類尋找食物與飲水的動機；我們會說某些人亟須飲水，但絕對不會認為他們對水上癮。口渴正是大腦為了滿足人體基本需求，促使人產生尋求飲水的動機而發展出的機制，而對於重要他人的依附也是以滿足渴求為出發點，因此我認為這種對於重要他人渴求的感受就和飢餓或口渴的感覺十分相似。

回頭檢視

進行科學研究時，我們都必須因應實驗需求尋找一群條件相當的受試者，但又希望能夠將研究成果推展應用至所有人類身上，因此必須在這兩者之間尋求平衡。我們第二項神經成像悲傷研究的受試者全是中年女性，且主要為白種人，然而光以美國來說，這根本就不是面臨悲傷疾患的主要人口組成形態，更別說是全世界了。不過除此之外，我自己的研究項目最大的爭議點在於，實驗中的神經成像都只是受試者在整個哀悼軌跡的其中一天所掃描的單一張成像。要詮釋研究成果，我們就得單靠一張成像推斷出受試者在整個悲傷軌跡其他時刻的表現；然而如果沒有受試者在調適悲傷的整個歷程中多次不同時間點的神經成像，我們就無法確認這份推斷是否正確。

我們的推斷如下：從過去的大腦成像研究可以知道，人們看到在世的重要他人（如伴侶或孩子）時，依核會受到刺激產生活動；我們實驗的受試者應該也會有同樣的反應（也就是在他們參與實驗之前，重要他人仍在世的時候）。而在我們的悲傷研究中，面對悲傷適應良好的受試者看到已逝重要他人的照片時，依核已停止活動；陷於複雜性悲傷的受試者的依核則持續產生反應。然而這份推斷中的「停止」與「持續」這兩個字眼卻並非全然是事實，「持續」指的是連續的一段時間，而我們的研究卻只具備了不同研究中不同受試者在單一時間點的神經成像；至於大腦依核的活動會隨著哀悼的歷程產生改變，也只是根據目前針對悲傷所收集到的資料及理論所做出的邏輯推斷，尚未有實際實驗結果可以證實。

我們目前對於悲傷時的神經生理現象仍知之甚少，因此有許多說法還只是推論。人類大腦在面對強烈的悲傷情緒時，會快速認知新的狀況；儘管面對逝者已逝的事實仍會產生痛苦的情緒，卻也因此能對周遭做出更準確的預測。所以我想，我們或許能透過大腦更深入了解長期哀悼的歷程，也許人體中用來調適悲傷的神經系統也有其自然變化模式。假如催產素是其中一個影響因素，也許某些人會歷經複雜性悲傷正是因為他們擁有更多的催產素受體，或是催產素受體集中在其他腦區所導致。大腦結構的這種差異使這些人與在世的重要他人之間連結更加緊密；以平常的角度來看，這是件好事，然而在重要他人逝去後，若想重新調適生活，這種與催產素相關的機制卻會導致當事人難以將重心轉移到其他人身上。

另一種很有趣的推斷是，催產素受體的基因變異可能會增加罹患複雜性悲傷的風險，特定催產素基因變異與成人分離焦慮之間的關聯是支持這份推論的論點之一，也有多項研究提出這些基因變異與憂鬱症之間的相互影響。[33]然而目前在這個領域勢必還需要有更多人投入進行研究才能做出結論。

令人讚嘆的大腦

大腦創造並維持人際連結的能力令人讚嘆，它會在發生性關係、生孩子、哺育孩子等特定時機釋放某些賀爾蒙；大腦裡同時充滿了賀爾蒙與足夠的受體，特定腦區中的神經細胞就能夠建立更強韌的神經連結，令其各自掌管的心智功能在前述各種體驗後表現得更好，這就是所謂的「允許作用」（permissiveness）。大腦在上述事件中所釋出的賀爾蒙「允許」神經細胞長得更多、更厚實，或者產生更多賀爾蒙受體；就像人類大腦依核當中的催產素允許依附關係增強，導致人們渴望尋找與自己存在依附關係的那個人（而不是任何其他人）；杏仁核裡的催產素讓人類有辨識他人的能力，也更能控制焦慮的情緒；海馬迴中的催產素則會對長期的空間記憶發展產生允許作用——至少以老鼠來說，這種功能能讓鼠媽媽找到自己到處亂跑的鼠寶寶。[34]那個你愛上的人，不管是人生伴侶還是寶寶，都在你的大腦裡打開了一條新的連結。不過我也要澄清，要達成這些變化不僅僅只靠賀爾蒙就能辦到，假如你獨自一個人在房間裡，即便大腦釋放了大量的賀爾蒙，也無法形成連結；只有在人類**與其他人類互動**時，才有可能發生像墜入愛河這樣改變人生的事件——大腦裡深深烙印下對方的長相、氣味、帶來的感受，激起我們想要找到對方的渴求，一次又一次的湧上心頭。

這種將摯愛深深烙印在腦海裡的力量相當強大，能夠劇烈影響人的行為、行事動機，甚至也會改變我們的感受；將某個人的存在刻在腦海裡，就表示我們只要一離開對方，就會不可避免地開始渴求對方的存在，大腦可是盡一切所能地想讓人類和自己的摯愛待在一起。大腦裡這些產生渴求的強大工具（如賀爾蒙、神經連結、基因）有時候甚至會超越人類心知肚明摯愛已逝的痛苦，也正因為大腦如此強大，我才會對那些喪親者有更大的同理心；他們要努力克服人生摯愛再也不會回來的事實、重拾生活。大腦誤以為持續渴求逝去摯愛的存在對我們來說才是最好的選擇，所以每個人調適失落的過程勢必都得有親朋好友的協助、時間的流逝、莫大的勇氣才能辦到。不過幸好人類大腦中也存在著其他動物不具備的腦區，人們在哀悼時才能夠運用這些腦區走出鋪天蓋地的悲傷情緒，而這正是我們接下來要關注的議題。

〔第7章〕擁有分辨差異的智慧

自從發現「渴求」對於大腦的巨大影響力之後，我就越來越想搞清楚它是怎麼一回事。我決定進行系統性的研究，為了做到這一點，我發展出了一套自我評量表，針對不同層面的渴求提出一系列問題。渴求有各種層面——對於死去重要他人的渴求、和情人分手後的那種渴求、想念家鄉的渴求——我和大家一樣很想知道這三種渴求情緒是否相同。我和心理學家塔瑪拉・瑟斯曼（Tamara Sussman）將這份評量命名為失落情境渴求（Yearning in Situations of Loss，YSL）量表，且依照不同情境更動了量表中的提問語句。[35]

例如，其中一個提問是「在我失去○○以前，我覺得一切都很美好。」每位填表者都填入了已逝摯愛親友的名字；如果是情人分手的情境，量表中的提問就會是「在○○和我分手之前，我覺得一切都很美好。」而對那些離鄉背井的人來說，相應的問題就會是「我覺得自己還住在○○的時候，一切都很美好。」

我們可以從這一系列評量中了解許多事。從數據上來看，年輕成年人的憂鬱程度與其渴求程度正相關，不過渴求與憂鬱之間的關聯性又比渴求與悲傷之間的關聯性來得低。同樣地，渴求與思鄉情緒（對於那些離鄉背井的受試者來說）之間的關聯性、渴求與對分手的抗拒（對於那些與情人分手的受試者來說）之間的關聯性，都比渴求與憂鬱之間的關聯性來得低。這項發現再次點醒我，憂鬱症與悲傷之間確實有相似的特質，但它們其實是不同的兩件事。其一，罹患憂鬱症的人不會滿心想著、渴求著某個人或某件事；再者憂鬱症是一種更全面性的感受，會使當事人對於過去發生過、現在正在發生、未來即將發生的一切事物感到絕望與無助。

在我們發表這個渴求量表後，哈佛的心理學家唐．羅比諾（Don Robinaugh）進一步運用渴求量表為更多尋求臨床治療的喪親成年患者進行評鑑。[36]在他的研究中我們同樣發現，與憂鬱症相較之下，渴求與延續性悲傷疾患的關係更加密切；渴求的強烈程度不會受到性別、種族、親人死亡原因的影響，不過失去配偶或孩子的人確實會比失去其他親友顯示出更強烈的渴求情緒。如果死亡事件已過了很長一段時間，渴求的強烈程度也多少會下降一些，顯示這些人雖然來尋求心理治療，但他們的渴求確實隨著時間流逝而減輕。藉由人們細微描述在特定情境下的感受，我們更了解渴求所愛之人所代表的意義。

接著，突如其來的一切……

羅比諾提出，渴求其實結合了人的感覺與思緒，而人類的感受也是這兩者的結合。我很好奇，既然渴求令人如此痛苦，為什麼大家還是無法放下這種感受、不斷回想起深愛的逝者呢？我想先帶大家從科學層面了解渴求所蘊含的思緒，再回來談渴求帶來的感覺。

人在渴求時產生的思緒有種特質，就讓我用自己的例子向大家說明吧。某個週日的傍晚，我採買完家用品回到家，打開冰想看看有什麼食材，盤算著要煮什麼……那一瞬間我突然看見父親站在廚房裡，正在計畫他那享譽親友之間的晚餐派對，他邀來了鎮上其他喪偶的男士們，打算為大家端上烤雞和多到吃不完的馬鈴薯泥。還有一次，我拿起電話想打電話給他……突然才意識到自己再也不能和他講電話了，他再也無法像過去一樣，給我那種全心全意的關懷了。

一次又一次地，已逝的摯愛親友會突然出現在腦海裡；有時候只是想著某件事到一半，他們就突然冒出來，令我們產生渴求他們回到自己身邊的念頭。有時候我們根本也搞不清楚自己為什麼會想起對方。不過大家首先注意到的其實應該是悲傷的感覺，因為我們實在搞不懂悲傷從何而來。精神科醫師馬爾迪・霍洛威茲（Mardi Horowitz）將這種思緒稱為**侵入性思維**（intrusive thoughts），並表示這種現象可能會在人面對各種壓力反應時出現，例如深愛的人過世或另一次創傷事件。霍洛威茲表示，創傷事件發生後的頭幾週或頭幾個月，就會常常出現這種在措手不及之下產生侵入性思維的現象，而這種現象會令人如此難過，是因為它讓人有種不由自主的感受。這些念頭沒有絲毫預兆地突然佔據人們的腦海，在你我過著日常生活、什麼也沒特別想的時刻一下子冒出來。雖然這下我們知道，這種侵入性思維不僅很常見，也通常都會隨著時間慢慢減少，令人略感安心，但卻又有新的實驗結果駁斥了原先的推測。

侵入性思維是指在沒有刻意回想的情況下，突然浮現的回憶以及赫然出現在心頭的那個人。想起失落的回憶，就再次提醒了我們有多想念對方，也會因此導致壓力或悲傷的感受。不過話說回來，侵入性思維真的比其他思緒更常出現嗎？還是那只是我們的感受，但其實不然？

父親過世後，我在歷經哀悼的過程中，其實有好幾次刻意地想起他。在他剛過世的頭幾週、頭幾個月，我時常找姊姊和幫忙照顧父親的家族親友聊天；我們會一起回憶父親最後那段日子說過的話、做過的事。有一次在醫院，他的病床得移到另一間病房，負責推病床的護理師一個沒注意就撞上了走廊的小垃圾桶，爸爸抬頭露齒而笑，帶著促狹的笑容說

「女人開車就是這樣！」在父親剛過世那幾個月，我們講了這個笑話大概不下百次，這段回憶讓我們想起他面對困境仍不改幽默的態度，總是讓我忍不住笑意同時心中又隱隱作痛。

父親死後我時常花時間回想關於他的回憶，也因此開始質疑心理學家們對侵入性思維的看法，畢竟以我的例子來說，我是自己選擇想起那些回憶的。丹麥心理學家多爾泰．本森（Dorthe Berntsen）找來近期發生人生重大壓力事件的人，問他們在做白日夢或腦袋放空時會想到什麼；她發現這些人腦袋裡也會出現自主記憶（voluntary memories）（就像我主動回想父親的病床在醫院裡移動的那段回憶一樣），其頻率與非自主記憶（involuntary memories）（就像父親在廚房烹飪的回憶突然出現在我腦海裡）出現的頻率相當。[37] 因此，雖然非自主記憶確實比較令人難過，但它們出現的頻率其實並不比自主記憶高。與生命一帆風順時相比，人們面對充滿壓力的變故時會比較常回想起上述兩種記憶，而我們會覺得非自主記憶比較常出現其實是因為它更令我們困擾，因為這些記憶帶來的情緒令你我措手不及。當我主動向親朋好友們訴說父親要幽默的故事時，雖然一樣會有強烈的情緒，但因為那是我「選擇」要提起的回憶，所以我能夠事先準備好面對情緒帶來的影響。

自主記憶與非自主記憶之間的差別也讓我們察覺人類大腦與動物大腦（例如田鼠）之間的差異；人類比動物多出了近一公斤的大腦皮質，最重要的是，這些多出來的皮質都位於人類前額與太陽穴之間的額葉（frontal lobes）。大腦的前額腦區為人類所獨有，有協助人類調節情緒等功能。

各位或許還記得，人類大腦提取記憶的方式就像在烤蛋糕一樣，必須從不同腦區集結各種材料；必須用到海馬迴及其周遭用來儲存與回憶相關的各種線索的腦區，大腦同時也得從負責掌管視覺或聽覺的腦區提取內容，以增加思緒的真實性，讓大腦產生想像的同時也具備視覺與聽覺效果。無論是自主記憶或是非自主記憶，都必須運用到這些腦區，而本森為了搞清楚這兩種記憶之間的差異，仔細比較了受試者在產生這兩種記憶時的功能性磁振造影結果。自主記憶與非自主記憶不同之處在於，它是人類自己主動提取的記憶，因此會運用到額葉外側接近頭骨的腦區——背外側前額葉皮質（dorsolateral prefrontal cortex）。[38]

我們需要具備神經心理學家所稱的「執行功能」（executive functions）才能刻意想起某件事情，這是人類特有的能力；這種能力就像企業的執行長一樣，負責組織、指示大腦的其他腦區擔負各種任務。無論是刻意提取記憶片段，還是回憶不由自主湧上心頭，人類大腦製造記憶的方式大致相同；其中的差別之處在於，如果是刻意提取記憶，人類額葉掌管的執行功能會參與運作，負責指揮大腦想起某一段記憶。

無論是大學畢業典禮、第一個孩子誕生的瞬間，或是結婚的那一天，在這些人生大事過去後的幾週、幾個月甚至是幾年後，就算沒有刻意回想，每個人都有可能突然想起那些時刻，思緒突然出現在腦海裡。也許你當下只是在做一些平凡單調的日常瑣事，或是當天剛好看到某些有關的事物，這些美好的回憶都很有可能驟然躍上心頭。侵入性思維由令人情緒極度激動的事件而起，當然也可能包括有正面意義的事件——並非只會因為極度負面的事件而產生。但因為關於負面事件的侵入性思維總是特別令人難過，人們才會在出現這些討厭的回憶時格外擔心自己的心理健康。大部分情況來說（特別是在面對強烈的悲傷時），侵入性思維其實只是大腦的自然反應，目的是要讓我們記住這些重要、充滿情感波動的事件。

從大腦的角度來看，人類大腦好像是一再讀取關於失落的思緒，然而大腦對於人們生命中重要的正面事件同樣也是這麼做的。在猝不及防的情況下，思緒與感受突然被悲傷佔據確實令人非常難受，但大腦其實是為了了解情況才會重新讀取這些記憶，就像你我對親友重新訴說某些記憶與故事一樣，我們只是想更深入了解這些人生片段。如果能從這個角度看待侵入性思維，下一次這種狀況再次發生時，你就不會覺得有什麼大不了了，畢竟大腦這麼做確實有其緣由；侵入性思維的閃現因此感覺起來更具實際功能，不再像過去一樣，只讓我們覺得自己沒有好好駕馭心中的悲傷。

記得別把寶寶留在車上

非自主記憶隨時都會出現，尤其是如果剛歷經創傷，可能會更頻繁地突然冒出來。日常生活中，大腦會在人類沒有刻意允許的情況下隨機釋出某些回憶，甚至臆想未來。

各位一天裡會想起自己的另一半和孩子幾次？你會不會突然想到原本打算放在女兒背包裡的午餐錢？你有記得傳簡訊給老婆，問她跟新老闆見面順不順利嗎？人類大腦每天持續不斷地產生各式各樣的提醒訊息，其製造思緒的方式其實就像胰臟製造胰島素一樣；來自大腦的推播訊息會在各種時刻侵入人類的意識，幫助我們記得那些最重要的事。正是因為大腦有這種提醒功能，我們才不會在出於習慣做日常瑣事時（例如買家用品），一不小心就把寶寶忘在車上。

我的推測是，我們深愛的那些人在世時，大腦裡關於對方的提醒通知會自動出現，然而在他們過世一陣子以後，這些提醒通知依然會像過去一樣突然浮現在腦海裡。在歷經喪親傷慟的過程中，大腦這種一如既往的提醒卻成為重要他人已不在身邊的證據，而悲傷就在這時襲上心頭，令我們措手不及。放空腦袋，任由思緒飄蕩時，卻一直收到大腦要我們打電話、傳簡訊給重要他人的提醒，然而這些提醒卻已與現實狀況背道而馳。從大腦運作機制的角度看待侵入性思維，的確能讓人稍微安心一點，畢竟人類的腦袋裡其實一直都存在著關於另一半、孩子、摯友的侵入性思維；只是，在這些重要他人過世以後，侵入性思維對情緒的影響力遠比過去來得大。大腦提醒我們想起深愛的人，這是建立親密關係產生的自然現象，正因為這些人對我們來說如此重要，大腦才會一再跳出關於他們的提醒通知。這種現象不會因為重要他人過世就立刻改變，大腦還在根據過去的習慣提醒你各種重要的事，它需要一點時間跟上現實狀況。我希望各位知道，你真的沒有瘋，只是你的大腦還在學習。

你還是有選擇

現在我們就來說說渴求的**感受**吧。請各位想像自己是位年輕寡婦，早晨孩子去上學後，孤身一人坐在餐桌前喝咖啡，滿心想著過去和丈夫一起坐在這個位置的每一個早晨，那是你再也無法擁有的時光。這就是典型的渴求。從最根本上來看，渴求就是希望某個人回到此時此地的自己身邊的衝動；大腦製造出了關於消失的那個人的心智表徵，令你想起對方、產生渴望，希望對方就在自己身邊。這些思緒與感受結合在一起就成了渴求，而這份渴求會促使你去做某些事。這份動機會令心中有所渴求的我們，做出各式各樣的選擇。

假如你是那位年輕寡婦，可能會因為渴求的心情，一氣之下把將咖啡杯丟到房間另一頭，怒氣沖沖地走出去，一邊發誓再也不要坐在這張桌子旁邊了；這是種相當戲劇化的逃避方式。逃避可能以行為的形式展現，使我們避開與所愛之人或死亡相關的情況或念頭；認知上的逃避則可能會試著壓抑關於對方以及悲傷的所有思緒。另外一種可能性是深陷於對已逝丈夫的幻想：他的樣貌、他的笑容、他拿著咖啡杯的樣子。想像丈夫人就在那兒，望著自己，這或許會令你感到安然。你想著丈夫可能會對你說的話，靜靜坐在那兒沉浸在悲傷裡；他會出現在椅子後面，用雙臂環抱住你嗎？他會不會敦促你別再呆呆坐在那兒，快起身過美好的一天？

第三種可能性則是，你又想起了他過世的那一晚，反覆又鉅細彌遺地審視那天晚上的每一個細節。那天他一整個下午都在嚷著胸口痛，你突然發現他臉色灰白又冒著冷汗，於是當晚才趕忙帶他去就醫；你為什麼沒想到他可能是心臟病發作？你為什麼要相信他說自己只是因為吃了晚餐有點胃燒心？你為什麼沒有堅持早點帶他去醫院？為什麼醫生都已經說了抽菸會增加心臟病風險，他還要繼續抽煙？為什麼你不阻止他？假如你再多堅持一點、早一點行動，那天晚上他或許就不會死了。

在這些用幻想回應渴求的例子中，大腦裡交織出了模擬現實的體驗，讓人們感受到現實的另一種可能性，與自己現在孤單單地坐在那兒的景況正好相反。人類大腦產生了各種「如果」來回應渴求，想像中發生的事情一件件都與當下的現實有所不同；你用大腦幻想出了鮮活的虛擬實境，在那裡，丈夫依然在你身邊好好地活著，然而令人痛苦的是，現實生活中的此時此刻，卻全然不是如此。面對錐心刺骨的悲傷時，這種不斷幻想各種「如果」的現象相當常見，也是完全正常的反應。

當然了，除此之外還有其他許多種可能的應對方式，例如在那個令你感到孤單的早晨打給好朋友，或是去跑跑步忘掉一切煩惱。在雙歷程模式中就有清楚提到，健康的哀悼歷程其實包含了面對不同情況、不同時機的應對方式，以求達到不一樣的目標。假如你得振作起來出門上班，或許氣得丟咖啡杯、停止沉溺在幻想裡，敦促自己起身出門的這種反應其實也沒那麼糟，那只是你在失落導向的應對機制與日常生活之間擺盪所產生的正常現象。至於打電話給朋友尋求支持，加深與關心你、令你感到信任的人之間的關係，正展現了失落導向與恢復導向這兩種應對機制之間的擺盪關係，也反映出這位好朋友在當下與你未來的人生中將扮演重要的角色。反覆回想丈夫死亡的那一天，或許會被視為探索失落導向應對機制的方式，你也能藉此更深刻地將當天實際發生的一切儲存在記憶裡。無論如何，讓自己具備各種方式回應各種渴求，足以面對各種情況、達成各種目標，是最重要的事，才能伴你度過當下，走過長久的調適歷程。

彈性

在一項專門針對哀悼者的表情研究中，科學家發現，談到與已逝的重要他人之間的關係時，人們會展現出各式各樣的情緒。錄下與這些喪親者的訪談後，研究人員開始分析他們的臉部肌肉運動，發現了恐懼、難過、厭惡、蔑視與憤怒的情緒。[39]不過其中產生的正面情緒也不少；百分之六十的人在某些時刻展現出了愉快的情緒，他們的眼周出現了能顯示他們是「真笑」的紋路，另外也有百分之五十五的人表現出了開心的情緒。不過，由於這些臉部的肌肉運動都轉瞬即逝，受試者在這五分鐘的錄影中不盡然都會「感受」到以上所有情緒。為了避免詮釋臉部表情的過程帶有偏見，負責記錄臉部運動的人並不知道受試者正在為喪親而哀悼。

人在面對失落後，對情緒的感受通常會變得特別頻繁也更強烈，就像整個情緒的音量都被調高了一樣。我們也常聽到正在哀悼歷程的人表示自己經歷了人生最糟的感受，或者說根本沒想過自己能夠難過到這種地步。然而，正是因為感受如此強烈，才迫使我們非得面對這些全新的人生經驗，調適心情也就成為日常生活中必要的一部分。不管是心理學家還是身邊的家人、朋友，對於面對悲傷通常都有自己的一套想法。很多人都覺得直面情緒、深入了解是個好辦法；壓抑感受、逃避會帶動情緒的念頭則是壞事。但最近的研究顯示，這整件事其實沒那麼非黑即白。

要具備應對不同情緒的各種策略，同時學會按照時機選擇適當的處理方式，才是確保良好心理健康狀態的最佳方法。剛開始處理悲傷時，強烈的情緒實在令人精疲力竭，因此學會在某些時候忽略心底的哀慟其實是件好事，如此能給大腦與身體喘息的空間，也能讓周遭受到當事人情緒影響的其他人有休息的機會。與其苦苦尋求處理悲傷的最佳策略，其實我們更該了解的或許是在某些時機或特定情況下，有哪些應對機制是適得其反的選擇。

與面對悲傷能夠良好適應的人相比，受複雜性悲傷所苦的人更難適度表達悲傷（這裡說的適度可能是放大也可能是緩和個人的情緒），這意味著人在面對複雜性悲傷時，會更難以專心應付自己的感受，也因此無法好好了解到底發生了什麼事或如何讓自己冷靜下來。說到頭來，我們還是應該讓自己的情緒有更多彈性。如果無法有彈性地面對感受，可能就會開始對情緒感到麻痺，然而無法表達自己最真實的感覺，更進一步阻礙我們和身邊的人產生連結；畢竟如果你麻痺了自己的感覺，就難以表達內心深處的難過，也就更難得到他人的支持與安慰。

假如我們完全不允許自己有悲傷的空間，就沒有機會感受它、接受它、分享它，悲傷也就可能繼續帶來無盡的折磨。每個人都是獨一無二的存在，因此如何調適悲傷也沒有適用於所有人的通則；但能夠在悲傷的感受來襲時保持彈性與開放的心，才有機會在好好調節自己情緒的同時繼續過著豐盛又充實的人生。

人生的光明面

假設你身邊有四個人，其各自都失去了親友，而其中一個人選擇和朋友去參加派對，另一個人決定在家看最愛的電影，還有一個人和家人聚在一起說說關於已逝親友的故事，第四個人則選擇在日記寫下悲傷的心情。這四個人當中，你覺得你會最喜歡誰，又覺得誰跟你最像呢？你認為這四個人選擇的活動是否適當，這些人做了這些事又會有什麼感覺呢？

這些問題都包含在加州大學海峽群島分校（California State University, Channel Islands）的社會心理學家梅麗莎．索恩克（Melissa Soenke）以及亞利桑那大學的社會心理學家傑夫．格林伯格（Jeff Greenberg）所進行的研究中。如果你比較喜歡後兩個人，同時覺得他們選擇的活動對喪親者來說最適當也最有效，其實你的想法就和這個研究的多數受試者一樣。這後兩項活動都是以直面負面情緒的方式處理深愛親友的死亡，我們通常將這些行為稱為**悲傷工作**；以西方世界來說，這通常就是大家認為最適當也最有效的應對方式了。但諷刺的是，進行能夠帶動正面情緒的活動，如參加派對或觀賞娛樂性的內容，其實才能更有效地減緩難過與悲傷的情緒。

用正面情緒「擊敗」負面情緒會有效，是因為正面情緒能夠改變人的認知及心理狀態，為你我拓展注意力、促進創意思考、增加應對機制；心理學家芭芭拉．佛雷德里克森（Barbara Frederickson）和艾瑞克．加蘭（Eric Garland）認為這就是正面情緒帶來的正向加成作用。索恩克與格林伯格共同研究的第二部分中，失去親友的受試者寫下關於失去親友的文字後，接著看電視脫口秀的搞笑片段、玩找詞遊戲或是觀賞知名電影中的悲傷片段；做完這些活動後，受試者便為他們當下的開心、難過、與罪惡感有關的心情評分，最後再將這些受試者的評分結果與實驗一開始的評分相比。與佛雷德里克森等人研究結果相符的是，觀賞搞笑節目片段能夠降低受試者回憶難過的事件所帶來的負面情緒，然而中性或令人難過的活動卻沒有這種效果。然而，雖說從事能夠提振心情的活動是應對悲傷的有效方式，喪親者卻通常不願意這麼做。

為什麼大家在哀悼的過程中，通常不會選擇從事能提振心情的活動呢？其中有兩個原因。其一，大家不認為做好玩的事是面對悲傷的「正確」方式，所以假如我們想要從事這些活動，就會擔心別人怎麼看待自己的選擇；其二，人們覺得在傷心的事件後做有趣的事好像違背了社會規範與世俗期待，會令自己產生罪惡感。不過，雖然大家都預期自己在從事好玩的活動後勢必會感到內疚，但在這項研究中，卻沒有任何一個人在看完搞笑影片後產生罪惡感。也有其他研究發現，人類其實不太擅長預測在面對未來不同情況下可能產生的感受，同樣支持了上述研究的論點。[40]

我的意思並不是叫大家在失去摯愛親友後馬上大肆狂歡，好讓自己不再難過、馬上快樂起來；而是想告訴大家，我先前所提到的彈性有多重要。思考究竟發生了什麼事、了解當下的處境、表達心中的憤怒或悲傷、嘗試理解人生因此產生了哪些改變等等，這些有彈性的活動對喪親者來說確實是好事。不過我們現在知道了，能夠提振心情的活動本身就對情緒大有益處，因此我們或許應該允許自己多做一點有趣的事，甚至可以鼓勵身邊失去親友的朋友、重要他人這樣善待自己。不管怎麼說，這至少是另一種應對悲傷情緒的方式。

照顧喪親者

要照顧正在哀悼的人，自己的情緒彈性也很重要。假如身邊有重要他人失去親友，對我們來說，最困難的就是要接受眼前那個很在乎的人心裡受了傷；對喪親者本人來說，最困難的則是要接受摯愛親友過世的事實。目睹這個過程確實令人撕心裂肺，但悲傷卻是每個人人生必經的階段。在這種時刻，你的好朋友、配偶或手足必須面對死亡帶來的殘酷現實。這麼比喻好了，假如我們看到有個孩子因為跌倒而擦傷膝蓋，可能會跑過去將他抱起來，親親他，向他保證受傷的膝蓋一定會好、傷口總有一天會癒合，也可能低頭微笑鼓勵他，跌倒了沒關係，站起來繼續玩就好。我們同情身邊的人失去親友的同時，可能也得撫慰或鼓勵他們，視不同情況靈活地反應。

面對身邊正在哀悼的朋友，你可以傾聽他們的心聲、支持他們，但倘若你以消除對方的悲傷情緒為目標，他們雖然接受了你的關懷卻繼續沉浸在悲傷裡，一定會令你相當挫折。面對像擦傷膝蓋這種一下就過去的小痛，和必須經過好幾週、好幾個月甚至好幾年才可能平復的悲傷相比，必須付出的關懷確實不同，但支持、愛、關心都是其中的關鍵。然而，並不是滿足了這些條件就能消除痛苦，而是因為透過見證、分擔、傾聽對方的痛苦，令雙方都能感受到愛。不過在不同的情況下，我們可能還是得抉擇，在對方哭泣時是給他擁抱比較好，還是該鼓勵他們跌倒了沒關係、爬起來繼續快樂生活就好；畢竟面對強烈情緒的最佳方式就是保持彈性的選擇空間。

身為喪親者的朋友，持續付出愛並不是一件簡單的事，因為在付出的同時，我們也得為自己找到支持的力量；照顧深陷於痛苦中的人會為照顧者帶來許多壓力，因此要努力從周遭的人身上獲得力量。而如果自己不像對方那樣悲傷，可能會使你充滿罪惡感，甚至開始想為什麼這些糟糕的事是發生在對方身上，而不是由你來承擔。你也有可能同樣正在面對悲傷，然而身邊那個喪親的重要他人卻因為沉浸在悲痛當中而無法給你支持的力量，令你覺得太不公平；他們因為悲傷而得到了他人全部的注意力，在那個當下，比起給予愛與關懷，你其實更想說「我也悲傷啊！」陪伴親友度過哀悼需要足夠的耐心，我們慢慢就能夠在給予他們需要的關注與愛之外，也關照自己的需求，撫平內心的傷痛。

寧靜禱文

重要他人過世後，隨著時間慢慢過去，渴求、憤怒、否認、憂鬱的情緒也會逐漸減緩。[41]這些感受不會按固定順序出現，而且即便是失去摯愛的多年後，也依然會有這些感覺；不過隨著接受事實的程度慢慢增加，這些情緒出現的頻率會漸漸降低，終於理解了新的現實並學會如何面對以後，就能夠帶來接受的心態。

我們花時間多加思考、衡量自己對腦中的思緒產生了哪些反應、有什麼感覺、如何掌控心態，都是能夠幫助自己度過難關的重要條件。這一切令我想起了寧靜禱文，它告訴我在尋求幫助的同時也要體會自己必須靈活面對各種考驗：**神啊，請賜我寧靜，以接受無法改變的事；請賜我勇氣，以付諸改變的行動；請賜我智慧，以分辨兩者間的差異。**（God, grant me the serenity to accept the things I cannot change, courage to change the things I can, and wisdom to know the difference.）

人類無法扭轉死亡，無法改變失去所帶來的痛苦，也沒辦法阻止侵入性思維與一波波湧上心頭的悲傷；但如果我們有足夠的勇氣，或許就能學會如何運用更好的技巧、帶著更多的理解來面對人生中無可避免的階段。而最大的挑戰在於，我們必須了解勇敢接受與勇於改變這兩者之間的差異，也必須學會何時應該停下腳步省思、何時該勇往直前。面對神祕又令人難以承受的悲傷，必然得依靠智慧，然而正是各式各樣的經驗增加了每個人的人生洞見；我們從生命中重要的人身上得到各種領悟，也可能從精神上、道德上的價值觀尋求方向。最終，我們還是得靜靜等待自己的大腦從每一天的全新體驗中不斷學習、領略，才能做出最好的選擇。

第2部
修復的展望

〔第8章〕為過往花點時間

一九九三年上映的電影《劫後生死戀》（*Fearless*）裡，傑夫．布里吉（Jeff Bridges）與蘿西．培瑞茲（Rosie Perez）飾演了同樣在墜機事件中倖存的一對陌生人，他們各自的人生都因為劫後餘生的衝擊變得一團亂。一天晚上，他們一起坐在車裡，培瑞茲說出了心裡話；她認為發生空難的當下是因為自己放開了雙手，尚在襁褓中的兒子才會因為空難而死去，她覺得是自己殺了兒子。布里吉一開始的反應是十足的挫敗，直到培瑞茲徹底崩潰，一邊啜泣一邊向聖母瑪莉雅禱告請求原諒，布里吉才醒悟培瑞茲心裡的那股愧疚對她來說有多痛苦，她一直覺得是自己殺了本該好好保護的孩子。於是布里吉下了車，叫培瑞茲坐到後座並為她繫上安全帶；他從行李箱拿出了生鏽的長方形工具箱放在培瑞茲的臂彎之間，叫她像抱著自己的孩子一樣抱緊工具箱。在這個場景裡，布里吉坐上車後猛踩油門，持續加速在空蕩蕩的巷子裡直直地衝向水泥牆，看起來彷彿是要自殺。他一邊開車一邊對培瑞茲說，這次妳有機會抱緊寶寶救他一命了。培瑞茲完全沉浸在這個彷彿空難當下的場景，她親了親懷中的工具箱。終於，高速行駛的車子撞上了牆，她懷中生鏽的橘色工具箱就像火箭一般飛出了擋風玻璃撞上水泥牆，因為衝擊力而變得歪七扭八。培瑞茲馬上就明白了。事實顯而易見，在空難時那種猛烈的撞擊力道下，她根本不可能抱得住懷裡的寶寶，她無論如何都救不了自己的孩子。藉由再一次置身於當初的情況下，她終於理解當時到底發生了什麼事，也終於明白事實與心中一直令她感到愧疚的念頭根本不同。

心理學家將這種與現實不符的思維稱為**反事實思考**（counterfactual thinking）。人在進行反事實思考時，通常會思索自己在重要他人的死亡或痛苦中真正扮演或想像出來的角色。陷入反事實思考時，會有數以百萬計的「如果」閃過我們的腦海：**如果我做了這件事，他就不會死了。如果我沒做那件事，他就不會死了。如果醫生有這麼做，如果火車沒有誤點，如果他沒有喝那最後一杯……**反事實思考有無限的可能性，而正是這種永無止盡的特質讓當事人能夠毫無限制地思索，持續在過去的其他可能性上反覆思量，在腦中不斷播放當初的情景。

諷刺的是，這種思考方式雖然創造出與事實不同的無數種可能性，但它不僅不符合邏輯，也對於面對現實與調適毫無幫助。但人類大腦會這麼做，總是有它的理由；有些人認為大腦這麼做的目的是為了搞清楚如何在未來避開死亡的危險，不過事實或許根本沒那麼複雜。大腦藉由把注意力放在與事實不同的無限種可能性上，就能自我麻痺，不去注意那個重要他人已逝的痛苦事實。即便反事實思考會帶來令人難受的罪惡感或羞恥感（例如覺得是自己殺死了孩子），但比起可怕又令人五臟六腑全揪在一起的殘酷現實（深愛的那個人已不在人世），大腦仍然寧可選擇前者。反覆思索各種違背現實的可能性也或許變成了一種習慣，成為人類面對悲傷的反射動作。雖然我們只是把令人痛苦的悲傷換成了同樣令人痛苦的罪惡感，但至少罪惡感的存在代表我們對整個情況還保有一些掌控權；因為相信自己對某件事仍有掌控能力，即便我們無法成功控制它，也能藉此確定這個世界並不是全然不可預測的存在。人類寧可在可以預測的世界中因為失敗而面對糟糕的結果，也不想接受毫無緣由、無可歸咎的噩耗。

我們其實可以像證明幾何問題一樣找出反事實思考違反邏輯的地方。人在面對「假如……就……」的這種句構中，都會犯一個共通的錯誤；這種句構中，「假如」的部分是前因，而「就」的部分則是後果，邏輯學家運用下面這張圖示釐清了其中的不合邏輯之處。以第七章的年輕寡婦為例，她知道自己的丈夫過世了，也記得當初在半夜去醫院的事實，但她下意識地忍不住相信，因為某個前因（晚上才去醫院），導致了某個後果（丈夫過

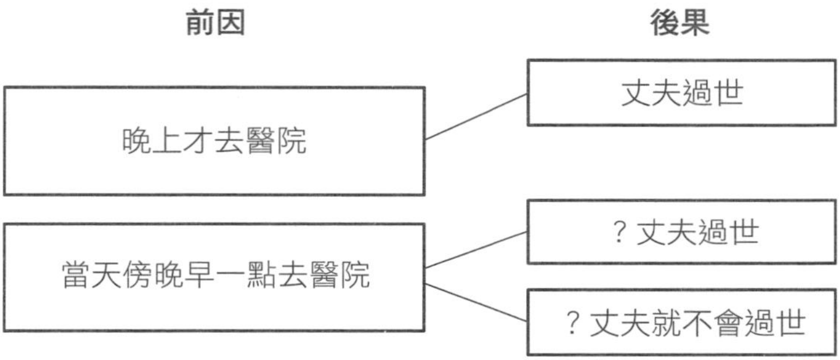

世），而另一個前因（早點去醫院），一定就能引發另一種後果（丈夫就不會死了）。這個思考邏輯雖然想起來很吸引人，但卻並非現實；他們當天傍晚如果真的早點去看醫生，也不代表丈夫就真的不會死。當然了，前面說的確實是一種可能性，但也可能就算他們早點去醫院了，丈夫也依然會去世。在那個我們嚮往的反現實世界裡，人們能夠無止盡地思考各種**假如**的可能性。

有些人可能會覺得，只有像《星艦迷航記》（*Star Trek*）裡的百科（Data）那樣的機器人，才會在失去深愛的人以後還用這種思路思考。我曾與一位處理過許多延續性悲傷疾患臨床案例的醫師聊過反事實思考，他也認為，挑戰當事人心中那些令他們感到極度愧疚的念頭，其實很有幫助。但他也表示，進行暴露治療法（exposure therapy）時，如果能在治療關係的框架下讓當事人重回死亡場景，並且不去挑戰他們的反事實思考，通常就足夠讓這些「假如……就好了」的念頭慢慢消失，這一點令他相當驚訝，不過其中的邏輯不言自明：在這個過程中，當事人會慢慢接受面對死亡所產生的強烈悲傷、無助或一人獨活的孤獨感，也可能逐漸理解深愛之人真的已經過世的現實，讓腦中不斷浮現的「假如」轉變為沒有必要存在的念頭。

反芻思考（Rumination）

對某些人來說，放任腦袋天馬行空地胡思亂想，很容易就會陷入擔憂或反覆思量的狀態，也很容易在這種情況下開始想像與現實不同的其他可能性，這種現象與在反事實思考中創造各種「假如」很類似。反覆思量的思考模式聚焦在已經發生過的事情上，重複思索自己做錯的某些事、某些人對待自己的方式；擔憂則是聚焦在未來，焦慮地預想未來某些事件最糟的可能性。這些思維模式通常都會以消極又負面的角度不斷重複。心理學家蘇珊・諾倫－霍克塞瑪（Susan Nolen-Hoeksema）將反芻思考的行為定義為：將注意力集中在理解負面感受上，並試圖藉此處理負面情緒。藉由辨別哪些人花費更多時間反芻思考，諾倫－霍克塞瑪就能夠推斷、預測哪些人可能罹患憂鬱症。

在上一章我才說過，回想關於失落的記憶以及理解自己的悲傷情緒對心理狀態很有幫助，現在我又說這些思維會導致憂鬱症，好像是自相矛盾。老實說吧，心理學家至今對於什麼時候（或多大程度地）處理關於悲傷的思緒才確實有用也尚未有定論。學界的研究人員正在努力處理這樣的悖論：如果不持續反芻思考把注意力放在心中的難過與憤怒情緒上，我們就無法真正了解到底發生了什麼事，也就無法了解為何自己會如此悲傷；然而這些思緒同時也可能會不斷滋長並脫離控制，發展出複雜性悲傷或憂鬱症。雖然針對這個問題我們目前還沒有完整、確切的答案，但已慢慢從中梳理出一些道理。

反芻思考可以分為兩個層面，諾倫－霍克塞瑪稱其為**自省**（reflection）與**自責**（brooding）。自省可能是連續好幾天寫下並分析自己的想法，那是一種刻意探索內在、試圖解決問題以減緩情緒的行為；而自責則反映出當事人的消極狀態，他可能會不由自主地一直思考自己的情緒，即便想停下思緒仍無法克制地不斷思索。自責會令人用消極的角度思考負面感受，或是將現狀與理想狀態做比較。

諾倫－霍克塞瑪研究的就是憂鬱症與自省／自責之間的關係，她的研究方式是訪問受試者的思考模式和憂鬱症狀。[42]參與這項研究的受試者會在間隔一年的期間裡受訪兩次。在第一次受訪的當下，有自省式反芻思考行為的受試者同時也會產生憂鬱，但在第二次受訪時的憂鬱狀態就會較輕微；而受訪者若是產生自責式反芻思考，無論是當下或第二次受訪，都會顯示出更嚴重的憂鬱狀態。值得注意的是，女性反芻思考的比例大於男性，而憂鬱的程度也高於男性；與男性相比，女性在自省與自責上的自我評量分數更高，這意味著女性整體而言更容易陷入不斷思考的狀態。不過，只有自責式反芻思考與女性的憂鬱症嚴重程度有所關聯，因此我們可以推論，自責情緒是性別與憂鬱症之間的其中一項關聯。

我認為自責與自省之間的微妙差別，正好可以顯示出一個人究竟是在尋求答案還是解決問題。在真正解決問題之前，或許得先尋求答案，但通常還是得等真正邁開解決問題的步伐，才有辦法讓自己好過一點。只要訂下解決問題的方式並開始嘗試，即便計畫行不通、無法徹底執行，大概也能令我們好過一點。而在讓自己好過一點的過程中，通常還是得停下尋找解答的步伐，時而反覆思量、時而擔憂。除非你有著強大的自我覺察能力，還能隨自己心意改變思路（這聽起來只有超厲害的禪師可才有可能做到吧），不然有時候甚至連解決問題的過程，都可能把你拖回那個反覆思考的循環裡，進而延長難過或焦慮的心情狀態。然而，我們可以一步步增進將注意力轉換到不同思緒的能力，同時選擇真正有用的思路，這種技巧其實就是認知行為治療的核心。不過，對大部分的人來說這實在不容易做到，尤其是在剛面對死亡、被強烈的悲傷情緒籠罩的時候，更是難以達到這種境界。

與悲傷相關的反芻思考

母親過世後，我時常反芻思考——老實說，在她過世以前，我也會這麼做；但在她離開後，悲傷的心情給了我更多關注情緒的機會。我不斷思考自己為什麼心情低落，也會思索我是不是因為母親有憂鬱症才這麼容易陷入憂鬱。甚至也會想，如果母親在我的童年時光不那麼沉浸於憂鬱情緒，我會不會成長為不一樣的人。母親長久以來都依賴我幫她處理情緒，我也一直很擔心自己無法讓她好過一點；我知道我最擅長的就是讓母親的心情（至少是短暫地）好轉一些，我能夠為了讓她心情好轉講任何她想聽的話、做任何她想要我做的事；但這麼做就表示，我必須忽略自己的想法或需求。這種相信自己必須盡一切可能為母親提振心情的相處模式，深深刻印在我的腦海裡，在她過世後，我依然繼續在其他人際關係中複製這種互動模式——忽略自己的感受，苦苦掙扎著盡力讓身邊的其他人感覺舒服。我心情低落，可能有無數種原因，而我小心謹慎地審視每一種可能性，也因此延長了自己心緒不佳的狀態。此外，因為我念的是臨床心理學研究所，所學的就是如何檢視個案的心理狀態，了解對方為何會有那些感受，因此可能更容易反覆思索關於情緒的議題；幸好，除此之外我也學到了許多解決問題的方式以及提升心情的技巧，才沒有陷入隨時隨地都在反芻思考的境地。

人在無法解決現實狀態（如心情低落）與渴望的狀態（例如開心又滿足）之間的落差時，就會開始反芻思考。面對悲傷時，心情亂糟糟的源頭比平常更顯而易見，而感受到伴隨悲傷而來的強烈渴求時，低落心情的原因就不言而喻了。深深愛著的那個人剛剛過世，因悲傷而產生的反芻思考便全然聚焦在與死亡相關的前因後果上；然而我在母親過世後陷入憂鬱症時，卻對任何事情都會反芻思考。面對突如其來的強烈悲傷時，人們會產生與失落事件本身相關的反芻思考，這些思緒的焦點都集中在造成深愛之人離世的事件、死亡對生者的影響上。你我應該都體會過，重要他人死去的事實會不斷侵入我們的思緒，這時若頻繁地反芻思考，就更難擺脫思緒縈繞在同一件事上的狀態。反芻思考預示了罹患憂鬱症的可能性，而與悲傷相關的反芻思考則可能會導致複雜性悲傷。正如同我們在博納諾提出的悲傷軌跡中所見，歷經重要他人死亡之前就已有憂鬱症的人，通常會在死亡事件後繼續維持憂鬱狀態；而其他人在重要他人死亡之前，或許沒有反芻思考的習慣或憂鬱症，但這種事件可能會引發當事人開始反覆思索。目前心理學家認為，這種無法抑制因悲傷而反芻思考的現象，或許就是人們在哀悼的過程中難以按一般狀況順利調適的問題所在。

史卓比與舒特和其他研究同仁——荷蘭心理學家保羅・伯倫（Paul Boelen）和邁騰・

艾斯瑪（Maarten Eisma）提出，與悲傷相關的反芻思考通常聚焦在幾個議題上，分別是：（一）當事人對失落產生的負面情緒（**反應**）、（二）對死亡感到不公（**不公平**）、（三）失落的涵義與帶來的後果（**意義**）、（四）他人對當事人悲傷情緒的反應（**人際關係**）、（五）與導致死亡的各種因素有關的反事實思考（**假如**）。[43]

我來舉些例子吧。大家通常會擔心自己面對重要他人死亡的**反應**，也因此會試著了解自身情緒涉及的範圍及情緒的強烈程度是否合理，想知道自己的各種情緒反應是否正常；覺得**不公平**的想法包括認為重要他人不應該死去，以及思考這些事為何發生在自己而不是別人身上；關注死亡本身的**意義**則包含了思索死亡對自身產生的後果、自己的人生會因為失落而產生哪些變化；和親友之間的**人際關係**通常會受到悲傷與失落的影響，人們會反芻思考身邊的人是否給予自己正確或真正需要的支持力量；而**假如**指的就是本章一開始就提過的反事實思考。

針對英國、荷蘭、中國三個國家的喪親者所進行的研究顯示，受試者都會反芻思考以上五大議題；此外，越頻繁反芻思考以上議題的人，悲傷疾患的症狀就越強烈。然而並不是所有反芻思考議題都同樣容易產生負面影響；與悲傷相關反芻思考的研究顯示，上文所述的第一種議題（不斷反芻思考因失落而產生的負面情緒，或者說是**反應**），不管是在研究當下還是從長期來看，引發的悲傷都較少（至少其中某一項研究的結果是如此）。另一方面，針對個人面對悲傷時身邊他人的反應（**人際關係**）及關於**不公平**的反芻思考，對於個人在研究當下及六週後可能會引發更強烈的悲傷都有所關聯。[44]

以上種種人們反芻思考的主題，其實都是沒有答案的大哉問，這也就是為什麼我們能永無止盡地反芻思考同一件事。死亡是否公平，並沒有正確答案，畢竟所謂的公平也有許多面向；重要他人的死亡是否剝奪了你生活的意義或快樂，也沒有定論，因為一個人的死會為生者帶來無數改變。反芻思考這件事狡猾的地方在於，一個人在反芻思考時，很可能會覺得自己是在尋找問題的真相；然而反芻思考最大問題其實是，它無法讓你確認自己的思緒到底是不是真相，反而只會延長難過或煩悶的心情。

請各位想像一個家庭，這個家庭的所有成員都因為家中的兒子自殺身亡大受衝擊，諾拉也因為失去了哥哥而傷心欲絕。除了對哥哥的死感到悲傷以外，她更因為家人的行為與自己的需求背道而馳感到痛苦。她希望家人能夠認知到哥哥心裡的掙扎與痛苦，並理解那就是他選擇自殺的原因，也希望家人能夠知道哥哥的死對她來說格外難熬，因為在所有家人中，他們年紀最相近，整個童年也與彼此形影不離。然而媽媽拒絕談論任何與哥哥有關的話題，所有表兄弟姐妹在她身邊也都表現得尷尬又不自在。無論諾拉家人對於這件事的反應是不是應該更開明，或者更願意接受或理解她的痛苦，這都不是重點；重點在於，諾拉覺得自己深陷於無盡的思緒而無法逃脫，更別說這些想法不僅根本無解，也對她毫無益處。反芻思考本身就是一件對現實狀況毫無幫助的事，因此諾拉或許該試圖開始解決問題，例如與表兄弟姊妹談一談，讓他們知道她在這種難熬的時刻需要怎麼樣的幫助；或者選擇減少與媽媽相處的時間，找一些朋友敞開心胸聊一聊。如果想要解決腦中各種思緒纏繞的困境，重點就是別去管那些想法是真是假，只要判斷對你有沒有幫助。

人為什麼會反芻思考？

人類反芻思考或許是為了搞清楚到底發生了什麼事、為什麼自己的感覺會這麼糟，但這種做法長期來看，其實無法幫助我們順利調適；那人類究竟為什麼會選擇反芻思考？要找到這個問題的答案，我們應該關注的或許是，人在用全副心神反芻思考時，就**不會**做哪些事。人類在做某些事時，潛意識裡的動機其實是因為手上這件事能夠避免我們去做其他事，而這種替代方式會讓我們比較舒服。若想要探討人類反芻思考的動機，我們或許就得問：假如人不反芻思考，會有什麼感覺？我們選擇反芻思考，是不是因為它不像其他選擇那麼令人痛苦？

大部分的人都不喜歡被悲傷擊敗的感受，那多少會令我們在當下覺得對生命失去掌控；我們可能覺得這樣是在放任自己崩潰，也可能覺得自己再也無法拼湊回破碎的心，這種感覺實在令人痛徹心扉。史卓比與研究同仁據此提出了一項十分出色的理論：讓思緒一次又一次地在同一件事上打轉，或許正是人們逃避悲傷與痛苦的方式。反覆思考失落本身與其可能造成的後果，或許正是為了迴避失落所帶來的**感受**；史卓比與同仁將這項假說稱為**反芻思考式的逃避**（rumination as avoidance）。[45]乍聽之下可能令人覺得有些牽強，但幸好他們的研究團隊非常謹慎，以實際的實驗來驗證這項假說，且讓我為各位細細道來。

假如有某些事物難以測量，科學家就會發明出相應的特殊測量儀器——這就是顯微鏡與望遠鏡發明的背景；而「逃避」正是一種難以測量的現象。我們可以直接問受試者花了多少時間反芻思考，或是他們到底都在反芻思考些什麼，但要是把這些問題套用在逃避這件事上，直接詢問受試者花多少時間逃避、到底都在逃避什麼，好像就不太適合了；畢竟倘若大腦反芻思考是為了逃避感受，那麼逃避的過程本身應該也會令人難以察覺。不過在實驗室裡，總是有那麼些特殊測量儀器讓心理學家可以研究人類自動產生的反應；大腦瞬間做出決定的反應實在太快，因此可以推斷這是自動反應。其中一種測量方式是觀察反應時間，另外也可以運用眼動追蹤技術——這些反應幾乎都是在僅一次心跳的瞬間發生。

為了測試反芻思考式的逃避假說，史卓比和同仁們邀請了喪親的受試者參加實驗。他們認為，我當初在大腦成像實驗所使用的圖片與文字組合，也能用作給這些受試者的實驗材料。這一群來自荷蘭的心理學家包括了艾斯瑪、史卓比與舒特，他們聯絡上我之後，我向他們解釋如何將這些實驗材料組合為四大類：分別為逝者的照片及陌生人的照片，各自搭配與悲傷相關的文字或中性的文字。為了測量受試者的反應時間，他們請喪親的受試者推或拉動操控桿來放大或縮小照片與文字在螢幕上的尺寸，從畫面上看起來就像是讓照片靠近或遠離受試者，而他們也可以在推與拉的動作之間測量出細微至毫秒的時間差異。人類大腦的自動逃避機制會令受試者在將照片拉近的幾毫秒之前先做出推開的動作。除了這項實驗方式以外，受試者也必須自陳因悲傷而反芻思考的頻率；研究人員發現，與不那麼頻繁反芻思考的喪親者相比，越常反芻思考的喪親者推開操控桿的速度就越快，也比他們面對陌生人的照片或中性文字時的反應來得快。[46]這些研究結果顯示，反芻思考的時間長度與自動逃避悲傷情緒的強度有關。

在另一種實驗方式中，讓同樣一群喪親受試者觀看螢幕上的照片，而眼動儀則會測量他們雙眼的細微反應，辨別受試者的視線方向。人的眼睛就是大腦神經細胞的直接延伸，可以反映出大腦把注意力放在哪裡。研究人員將實驗用的兩張照片並行排列；自陳花更多時間在反芻思考的人，看著逝者照片或悲傷相關文字的時間就越短。[47] 這些實驗的精巧之處在於，假如只是訪問受試者，科學家根本無法準確判斷他們的視線聚焦在哪裡，而實驗產生的數據卻能明確顯示，無論是藉由推開照片或移開視線，大腦逃避與失落有關事物的現象與反芻思考的強度有關。即使人們會從其他層面反芻思考與失落相關的前因後果，他們卻會逃避眼前的實驗材料，因為那些照片與文字硬生生、赤裸裸地令他們想起重要他人離世的事實。

各位應該或多或少也有這種反芻思考式逃避的經驗，只是不一定有察覺到而已。你身邊有沒有哪些朋友會一再重複地講一模一樣的故事描述自己的失落經驗？對方滔滔不絕地描述事件經過，告訴你那真的是很糟糕的體驗，但你可能聽一聽卻覺得，在他告訴你感覺很糟的當下，似乎並沒有表現出真的對那件事很難過的樣子，他的描述與表現出來的情緒好像有種連結不起來的感覺。對方可能會深入講述許多細節，這種深刻描述細節的過程就是人在反芻思考會產生的認知歷程。有時候用這種理性、反芻思考的方式講述故事，可以讓人逃避重要他人死亡帶來的情緒——這就是反芻思考式的逃避。然而問題在於，用這種方式一再陳述同一個故事，與真正探討失落的意義並不相同。從另一方面來看，覺察失去重要他人對自己產生的意義，其實就是學習如何在失去對方的情況下繼續生活；雖然這個過程會導致強烈的情緒，但同時也能讓我們好好體會悲傷，帶著失落的經驗重拾生活。

所以這麼說來，反芻思考是一種非刻意為之的逃避手段，但一再重複回頭思索失落經驗或悲傷當中已無可改變的部分，無法讓我們學會接受令人痛心的事實、走向未來。有些人甚至告訴我，一旦他們停止逃避悲傷的感受以後，與逃避所需花費的心力相較，接受悲傷其實也沒有比較難。

正如同目前針對大腦功能所進行的科學研究常發生的普遍現象，我們現在還不知道，是腦區之間連結較弱人會更頻繁的反芻思考，還是反芻思考的習慣導致腦區之間的連結變弱。然而正如同我們在心理學領域常發現的結果一樣，答案或許是兩者皆是——這正是大腦構造與功能之間形成的惡性循環；不過正因為有這種惡性循環的存在，我們才能找到介入的施力點，藉此創造能夠改善狀況的正向循環。我們可以透過心理治療學會各種技巧，將其應用在掌握思考的內容上，並將注意力轉移至周遭的外在事物，做某些事帶自己走出反芻思考的情緒。例如前文提到的，年輕寡婦就把杯子一丟、離開房間，這樣她就能停下翻騰的思緒；離開家、轉移注意力，正是她跳脫反芻思考的好辦法。

一起面對

我的摯友一直在我身邊陪我度過人生的各種重大事件，也幫助我面對父母的離世；這麼多年來，我們寫過無數封信給對方。不過其實自中學時期以來，除了其中短短一段時間以外，我們從沒住在同一個地方過；這種分隔兩地的友情剛開始靠的是無數魚雁往返，後來就變成了互通電子郵件。隨著成長的腳步，我們能用來寫信的時間越來越少，於是就改講電話。在我到英國讀書時，信件的內容變得越來越長，對我來說的重要性也日益增加；念大學的其中一年，我深陷於憂鬱之中，那一封封信件就是我敞開心胸訴說想法與感受的機會。我們與彼此分享生活中每一個不光彩時刻的枝微末節，我知道她懂我，也能跟我本人一樣明明白白地透過我的人生經驗與家庭背景分析我的感受。我真心覺得自己沒有她不行。

在我讀到密蘇里大學（University of Missouri）的心理學家阿曼達．羅思（Amanda Rose）的著作之前，我從來沒想過，這種對話竟然不是只有好處，其實也有缺點。她研究了這種對話所扮演的角色，其中特別以女孩或年輕女性生活中的談話為研究焦點。她將密友之間反覆且大量討論個人問題的狀態稱為**共同反芻**（co-rumination）；好朋友之間親密且強烈地揭露內心感受，且通常會聚焦在負面情緒上。不過，羅思的研究也確實證明了我和摯友之間的這種行為有明顯好處，密友一起進行共同反芻的談話，能夠增加彼此的親密感與對友誼的滿意度。[48]但另一方面，共同反芻卻也會增加憂鬱症與焦慮的症狀；大量討論自己的問題在調整情緒上產生的負面影響大於正面效應，這種現象便證實了以上論點。令人覺得諷刺的是，這正是一種惡性循環；假如有人覺得心情憂鬱，可能就會更頻繁地與朋友進行共同反芻式的談話，希望得到更多親密感與支持。

這項研究並不是要論斷親密友誼或揭露自己的感受是一件壞事；事實上，在羅思將共同反芻的數據分開來看時，這些友誼的存在仍然與減緩憂鬱有關。有機會能夠揭露自己的內在感受，同時從別人身上得到支持與鼓勵，這對每個人來說都是好事。然而魔鬼確實就在細節中；針對同樣的負面情緒反覆用消極態度討論，其實跟所謂的解決問題、鼓勵或建議並不相同。通常我們在講述自己的感受之後，如果知道其他人也有一樣的感覺，就會覺得原來自己很正常，因而覺得好過一些；但如果朋友之間最常談論的議題就是負面情緒，或是這種對話總是讓你們覺得全世界與自己為敵，這就會令對話雙方陷入共同反芻的境地。我和摯友後來自然而然也產生了同樣的結論；她建議我們可以訂出規則，同樣一種特定情境的問題只能討論三次，假如討論了三次以後情況依然沒有任何改變，在下一次討論同一個問題以前應該要自己先試一試新的應對方式。

接受

在寫作本書時，我很幸運地有機會在荷蘭烏特勒支大學度過一整年學術休假的時光；烏特勒支是一座充滿羅馬風情的古老城市，可以看到許多人騎腳踏車沿著種滿美麗花朵的河道悠遊在城市之間，而慷慨大方的史卓比和舒特招待我在這歷史悠久的大學裡度過美好時光。與其他研究悲傷的專家學者比肩合作對我來說是全新體驗，畢竟將全副心力投入這項主題的科學家並不多。除此之外，住在另一個國家也讓我有機會浸淫在當地的藝術、歷史、文化之中，而烏特勒支無疑是基督新教歷史與鑽研神學研究的寶地。有天我在思考基督新教工作倫理時，突然驚覺「悲傷工作」（grief work）這個詞當中，有工作（work）這個字的存在。史卓比和舒特曾嘗試探究，對當事人無實際助力的反芻思考與有用的悲傷工作之間有什麼差別；而我這時才想到，反芻思考與悲傷工作之間存在著的決定性差異，或許就是**接受**（accepting）。這裡的**接受**我所使用的是動詞型態的 *accepting*，藉此顯示出這份接受是當事人面對當下情況所做出的反應；不使用 *acceptance* 則是因為這比較像是當事人看待某種情況的方式已產生永久性改變的狀態。

在想像對抗失落或接受失落各自的情景時，其中最引起我注意的差異在於當事人所需要耗費的心力。這並不表示選擇接受就一定比較簡單，而是因為人真心接受某件事時，同時也會帶來某種平靜。雖然你我都知道，也許有一天我們又會拾起失落的痛苦，但在當下接受確實能令人如釋重負。此外，接受雖然也可能代表一個人不再深陷於繞著失落打轉的思緒與不可自拔的情緒，但接受與逃避的感受其實相當不同。逃避——嘗試躲避會令自己想起重要他人死亡的一切事物——這種行為其實相當耗費心神；人會逃避令人無法喘息的悲傷情緒，正是因為這種情緒太討厭了，而這份討厭與逃避需要花費不少力氣。接受就是另一回事了，接受是單純知道了深愛之人逝去的事實，與自己是否痛恨這種現實無關，而且也就此停止對於這件事的反應。不反芻思考、不試圖解決問題、沒有憤怒也不抗拒——就只是接受。

再講得更清楚一點，接受某個人的死亡與認命其實並不相同；接受的心態是了解某個人去世的事實，知道對方再也不會回到人世，而且對方在人世間曾發生的一切也已經沒有任何改變的餘地了，不管是後悔還是道別，都已是過去式。接受某個人死亡，就代表繼續專心過著失去對方的人生，但並不代表就此忘記逝者。認命則多了一點別的意味，深愛之人去世除了是既存的事實以外，也代表你會因此再也無法開心起來。認命這件事暗示了死亡只會帶來負面的後果，接受則是單純意識到現實狀況，就算知道當下這一刻的現實狀況可能意義深遠或充滿困境、令人愉悅或挑戰重重，心中仍然抱持著希望去面對。如果有足夠的支持與調適時間，希望正是建立健康心理狀態的基石。

我在父親過世幾天後，就前往德國出差約三週的時間；在得知當年夏天就是父親的臨終之時前許久，我就已計畫好這趟旅程。也幸好在這一趟旅程中，我和岡德不僅一起工作，也住在一起；自從我們首次合作悲傷的功能性磁振造影研究的二十年來，我們都是志同道合的同事兼好友。他不僅是精神病學家，更是經專業訓練的精神分析師，因此常與悲傷情緒為伍，與哀悼中的人共處對他來說更是家常便飯。在那趟旅程的每天下午，我常常覺得自己得好好哭一場；我當下的感受是這樣的——前一分鐘還在筆電上飛快地打字，下一分鐘淚水就潰堤了，眼淚源源不絕地湧出我的眼眶。我先失去了母親，再失去了僅剩的父親，其實我也很意外失去他們兩個人對我產生的影響竟如此不同。失去父親以後，我就真的**沒有**父母了；從此以後，我的父母都已不存在於這個世界上。我不知道**孤兒**這個字眼適不適合用在一個四十幾歲的女人身上，但我確實感到非常、非常孤獨。

在那些淚水潰堤的時刻，我會起身出去走走，到不會打擾其他人的地方好好哭一場。德國南部的夏天很美，那年當然也不例外。診所後面有一條小徑穿透蓊鬱的樹林，而我通常會在那兒散步個二十分鐘左右。每一天在差不多的時間點，我就會想哭；我不禁想，這些眼淚就像某些氣候地區在夏天會出現的午後陣雨。太陽掛在天空中把人照得暖暖的，突然之間就下起了大雨；沒多久，太陽又露出臉來，葉片上灑滿了雨珠，路上的車輛也已通通被打濕。這種夏日午後的大雨其實不難預測：它不是每天都下，但頻率又高到讓你記得帶把傘出門，或是會想到要在穿著涼鞋出門以前先看看天色。面對這種大雨，就算咒罵它也沒什麼意義，它會在壘球比賽打得熱火朝天或野餐進行到一半時傾盆而下，但為了它不開心其實也沒什麼必要；這種天候的發生是一種必然，無論你當時在幹嘛，雨該下就會下。於是我後來就想，這每天下午的淚水，其實就和午後陣雨一樣——情緒籠罩心頭的感受與烏雲密佈的天色相當類似，我多少可以預測每天下午都會有那麼一場雨到來，但也清楚這場雨下不了太久。沿著充滿植樹的環形步道一路走著，就會回到診所後面，而通常到這時候我就已經哭完了；大腦重新把注意力放回剛剛在辦公室裡寫的文章上面，或是開始思考晚餐要買些什麼食材。

接受一件事的關鍵在於，別再逼自己非得對正在經歷的一切做些什麼；別強求理解當下情緒代表的意義，或非要知道它會持續多久。接受並不是說著自己再也無法承受，一邊推拒情緒；也不是在父母離世後，覺得自己因為失去了他們而成了一個殘破的存在。接受代表的是察覺自己當下的感受，靜靜地讓眼淚來、讓眼淚走。接受指的是，心裡清楚這一刻的悲傷確實鋪天蓋地，沉重地壓在心頭，同時也很熟悉那如鯁在喉的感覺，但你明白這一切終將過去，就像夏日午後的那場大雨總會下完。

終於明白

在前文所述觀察心智活動的科學研究裡，研究人員讓受試者講述自己反芻思考的內容，也藉由反應時間與眼動追蹤技術測量了他們處理思緒的過程。我因此終於明白，若想在面對悲傷後重拾有意義的人生，就得保持足夠的彈性，將注意力從過去的一切移開，轉而關注當下與未來。我們必須要有能力掌控思緒，才能一次次地將關注的焦點從過去存在的關係轉移到當下以及未來可能建立的人際關係上。我們可能會繼續花時間幻想仍然和逝者一起生活的時光，就算走過哀悼的軌跡也絕對不代表我們已經忘卻逝去的重要親友；事實上，那些和對方共度的光陰、建立起的羈絆，都在人的大腦裡產生了神經連結，帶來相應的化學變化，我們也因此永遠不會忘記對方。選擇把時間和心思花在自己當下關心的人身上，不代表你就遺忘了曾經深深愛著的那個人；你心裡清楚，那份愛永遠都在。接受意味著我們不再把時間花費在過去的一切而忽略當下，也不再把人類能夠在大腦裡時空旅行的特殊能力用來逃避現實。我們將在下一章探討，在面對悲傷時活在當下到底代表什麼意思。

〔第9章〕活在當下

我與眾多喪親者做了大量訪談；其中一次，一位年長的出色男性坐在小桌子另一端與我談話，他的妻子幾年前過世了。他對我說了過去夫妻之間的暖心故事，告訴我他們中學時認識的過程，之後年紀輕輕就結了婚，生了兩個孩子一起建立美好的家庭。他訴說著過去的家庭生活有多快樂、他有多愛她。說起妻子因病去世時，他就有點忍不住淚水了，在她過世前的最後幾週，他陪伴左右，然而最後她還是走了。接著他又說，自己最近認識了一位和妻子很不一樣的女性，對方有著與妻子截然不同的興趣，而且個性比較外向。對他來說，重新開始約會雖然感覺有點怪，但他覺得和對方在一起的自己充滿了活力。這時他靜了下來，沉思了一陣子後，只說了一句：「我只是想說，以前的我們很好。」他又停頓了下，「而現在這樣也很好。」

渴求的心情並不是專屬於過去的產物，也不是只會令人緬懷以前的人事物；渴求同時也代表一個人對當下有某些不滿。假如人真的只會對過去產生渴求，那就可以單純花一些時間回憶過去，覺得追憶夠了以後再把注意力轉回當下發生的一切就好。然而在面對悲傷的時候，眼前的現實可能充滿了痛苦，這也就顯得過去的一切更加美好。假如當下的現實生活真的不是那麼吸引人，或是因為自己根本無法將注意力從過去移開，因此不知道當下能賦予自己什麼，這種渴求的狀態就更可能會不斷持續。除了我在前文已提過的悲傷、憤怒和失去一部分自己的感受以外，悲傷也可能令人心裡充滿恐慌。

恐慌

《卿卿如晤》是C・S・路易斯（C. S. Lewis）在太太過世後寫出的優美作品，他在書中寫道：「我從不知道，悲傷與恐懼竟如此相像。」（No one ever told me that grief felt so like fear.）對我來說，悲傷到一個極致時，確實可以稱得上是恐慌的狀態了。父親過世後，我沒有孩子、沒有配偶、也不再有父母；在那之後的幾年我都覺得自己與這個世界徹底疏離，過去那些我習以為常的依附關係皆已不復存在。通常在傍晚時分，現實世界中的當下就會引起我的痛苦，而恐慌便成了我面對這些情緒產生的自然反應。我的心和思緒會如萬馬奔騰一樣高速運轉，同時焦躁難耐地坐也坐不住；在這種恐慌的時刻，唯一能讓我好一點的就是順應身體釋放的腎上腺素，好好動一動身體，因此我通常選擇於夜色籠罩下在社區裡快走。走一走以後我的身體累了，心靈也終於開始感到疲憊，這時我會忍不住流淚，然後慢慢回家。

就我自己的體驗與C・S・路易斯的文字來說，其與神經學家賈克・潘克賽普（Jaak Panksepp）的想法不謀而合。潘克賽普是情感神經科學（affective neuroscience）這個領域的先鋒，研究的正是情緒的神經運作機制；他堅信能以科學方法和實驗研究動物的情緒，也真的發展出了完整的科學模型，對大腦製造出的各種情緒以及情緒功能提出了解釋。土桑的溫暖天氣是吸引年長學者造訪的一大誘因，我也因此有幸於二〇一七年潘克賽普過世之前，在亞利桑那大學數次聆聽他的演講。大家對他的科學貢獻了解不多，然而其中之一就是神經生物學的悲傷研究。潘克賽普對悲傷不僅止於學術上的了解——他的女兒在青少年時期因酒駕者肇事而喪命，因此他對悲傷有最切身的經驗。

潘克賽普用全大寫的字母為掌管不同情緒的神經系統命名，如愉悅（JOY）、憤怒（RAGE）以及恐懼（FEAR）；掌管失落相關情緒的系統則是恐慌／悲傷（PANIC／GRIEF），從名稱就可以看出這兩種情緒的高度重疊。當然了，悲傷與恐慌的感受並非完全相同，潘克賽普的論述中指的是（一）強烈的悲傷、（二）物種間共通的悲傷感受、（三）

尚未經過較高層次大腦皮質處理的悲傷。他曾記錄下動物與同類被分開時會產生的反應，這些動物會產生更多身體活動，包括心跳與呼吸速率都會上升，同時也會釋放壓力賀爾蒙（例如：皮質醇）、發出求救訊號。潘克賽普在此領域提的焦點是動物發出的求救訊號，甚至有些物種會發出超聲波求救。潘克賽普也提出了他稱為悲傷解剖學的理論，也就是動物在受到電流刺激時，大腦中互相連結而產生求救訊號的腦區。這些腦區當中就包含了中腦（midbrain）的導水管周邊灰質（periaqueductal gray），位置就在脊髓上方。在我的第二項神經成像研究中，所有喪親受試者（無論有沒有複雜性悲傷）在看著他們深愛的逝者照片時，導水管周邊灰質都會產生活動；看著陌生人的照片時則沒有這種反應。

恐慌、身體活動增加、求救訊號都可能會令孤伶伶的動物與其他同類產生接觸；因此我們或許可以想像，恐慌／悲傷的功能就是為了促使動物（包括靈長類）與其他個體接觸；即便落單的個體無法再與原本的照顧者團聚，有其他同類在還是比較能夠提升其存活率。處於壓力下的動物能透過社交接觸釋放類鴉片物質，不僅能夠舒緩壓力狀態，也能促使牠們學習新的經驗——與其他同類接觸的行為會使動物得到強大的酬賞（也就是體內產生的類鴉片物質），而這種有強烈吸引力的酬賞就會促使動物繼續做出能促發酬賞的行為。

假如我們能夠把這種生理機制當作獨特的治療機制，那該有多好啊。醫生可能會這麼建議個案「如果想暫時減輕壓力，我建議你去找兩位關心你的人談話，最好還要和對方擁抱，做完這些以後隔天早上再打給我。」

恐慌發作時，我通常會打電話給姊姊或摯友，假如聯絡不上她們，就會再打給另一位好朋友。不過也有某些時候，我會覺得時間太晚了，不該打電話打擾對方，有時候也會判斷這一次發作沒那麼難受，或者心想自己暫時不該再讓身邊這些人承受更多負擔，而選擇自己面對。人類其實有能力超越演化而來的各種行為模式；我很幸運，因為我知道這些好朋友無論多晚都願意接我的電話、陪我聊一聊，而這些支持正是避免我被情緒折磨到失去理智的力量。光是知道自己**可以**打電話給他們，即便沒有真的撥出電話，就能讓我承受的強烈壓力減緩下來。我很清楚自己有這些人的陪伴極其幸運，畢竟世界上有許多人身邊沒有那個可以在痛苦時陪他們講電話的對象。

當下能帶給我們什麼？

如果我們在現實中的當下只能感受到恐慌和悲傷，怎麼可能還會想花時間全心感受眼前的這一刻呢？剛開始面對現實世界當下的悲傷時，我們可能只堪承受一瞬間的痛苦。我有一位聲譽卓著的同事，和我是同一個領域的研究學者；她還是研究生的時候就結婚生子，然而後來丈夫驟逝，轉眼間就成了單親媽媽，不僅沒有工作，也還沒拿到學位，在這種情況下要不恐慌也難。她說，當時她心知肚明自己無法承受眼前的現實，但說服了自己也許可以試著面對現實兩秒鐘的時間；隔天，也許就能承受面對現實四秒鐘，再隔一天也許就能把時間再加倍。後來她成了非常知名的研究學者，和已經長大成人的兒子之間也有著非常美好的親子關係。人類的心智有脫離現實去時空旅行的彈性，而這也是我們保護自己遠離痛苦的方式，特別是在現實實在令人難以承受時，我們就會選擇逃避。這是人類面對強烈悲傷情緒會產生的典型行為。

然而，當下的這一刻其實也為你我帶來各種可能性。例如，我們在當下能夠擁有其他人的陪伴，而且也只能在當下感受到愉悅或舒心，這些都是在過去或未來裡得不到的東西。如果你無法認同這種說法，這麼想好了：你一定記得自己曾經感到愉悅或舒心的時刻，但你只有在當下才能真正「感覺」到這些感受。回憶或是對未來的計畫也許能刺激你產生這些情緒，但「感覺」只會在當下發生。當下的這一刻，才是你的身體真正產生皮質醇或類鴉片物質的時刻。如果你把意識全都放在充滿**如果**的虛擬世界裡，或是深愛之人依然在世、朋友更理解你的悲傷的想像世界裡，就會錯過現實世界當下發生的一切。雖然眼前的世界有各式各樣的事情令你感到痛苦，但也有一些事情是只有在當下才能感受到的美好。

身而為人，我們無法只忽略令人不快的情緒；如果你隔絕了在當下感受的能力，無論是好是壞，一切感受都會消失。你放棄的是咖啡師燦爛笑容帶來的溫暖，是公園裡的狗狗讓你感受到的快樂。如果你為了逃避痛苦而放棄感受身邊一切事物的能力，就會真的與周遭一景一物、一草一木為你帶來的感受隔絕了；畢竟我們無法選擇只逃離負面情緒。忽略當下會令我們更難學會用新的方式繼續面對人生；而從另一方面來說，如果你願意活在當下，一切美好事物帶來的多巴胺、類鴉片物質、催產素就能帶你繼續前進，重新找回有意義的充實人生。

有一年的假期，我和摯友住在一起，我一邊和她聊天一邊分心和當時的新男友傳訊息。她突然問了我的新年新希望，在回答她我希望自己未來的一年能更覺察時，她竊笑了起來。我說話的時候手裡握著手機，眼神根本不在她身上。然而聽到她的竊笑讓我有點不高興，畢竟我雖然明顯沒把注意力放在她身上，但確實有在專心面對手頭的每一件事。過了幾年以後我才明白，所謂的覺察並不只是專注，活在當下的意義是除了自己注意力的焦點以外，還要關注周遭的一切，將意識放大到**此時**、**此地**在自己身邊的其他人身上，這些人可能是朋友、收銀員、孩童、老人或甚至是陌生人。從某種層面上來說，覺察就是把注意力用來意識**此地、此時、關係的遠近**。各位可能都很專注於手頭上正在做的事，但這跟有意識地覺察自己當下在這個空間做某件事，以及覺察到周遭的其他人類並不相同。我認為覺察當下的意思其實就是全心全意、全神貫注地投入自己正在做的事情，這種身心每一個層面都用來感受某一件事的行為，能夠讓你有機會徹底體驗當下的這一刻，感受世界為你帶來的美好，從與世界的互動中學習新事物。

在我剛開始面對悲傷帶來的恐慌感時，根本沒有足夠的心力做太多事，更遑論要學著改變關注的焦點了。不過我在廚房的櫥櫃上貼了一張紙條，上面寫著「煮飯、打掃、工作、玩樂」；寫這張紙條有兩個目的，雖然看起來都是一些小事，但這些是我覺得自己可以在一天內完成的事情。而只要我覺得不堪負荷、頭昏腦脹的時候，就會回頭來看這張簡單的小紙條，告訴自己下一步該怎麼做。一天裡，無論我在哪個層面上完成了這四項目標，我就會告訴自己，這樣就夠了——今天的我已經夠好了。我要澄清的是，我經歷的是最一般、最典型、平均水準的悲傷狀態，並不是複雜性悲傷；但光是這樣我都得花上好幾個月才能重新找回充實的生活，而且從某些方面來看，我其實還有進步的空間。長期來看，想辦法把更多時間花在當下，讓我能夠認清當下的現實生活到底是什麼模樣；而一旦知道了在現實世界裡活在當下會是麼感覺，我就能按自己的意志選擇怎麼過生活。

失眠

單是哀悼的過程本身或許還不那麼令人覺得難以忍受，但時常伴隨著悲傷情緒而來的失眠狀況絕對是一大痛苦。深愛之人離世後的那段時間，情緒風暴會干擾控制人類睡眠狀況的所有系統；首先，人體會在面對喪親所帶來的壓力時釋放腎上腺素與皮質醇，足以導致你像喝了太多咖啡一樣整天清醒無比。除此之外，還要再加上鑽研失眠的學者稱為校時器（zeitgebers）的影響因子——就是指將人的生理節律與地球二十四小時的晝夜循環連動的所有環境因子。舉例來說，與入睡相關的校時器就包括了吃晚餐、睡前用來平靜心緒的一小段時間（如看電視或看書）；伴隨著伴侶的體溫、氣味與畫面，關上所有燈光後入眠。因此，若是失去了深愛的人，這一切校時器很有可能都會遭到破壞；過去能讓你入睡的每一個條件，都變成只能提醒你悲傷的存在，讓你想起深愛的人已不在身邊。人在哀悼深愛之人的離世時，校時器不僅不復存在，這種消失還會令我們產生與悲傷相關的反芻思考，導致大腦中一直反覆浮現同樣的思緒，同時也會刺激身體的生理反應；難怪我們會睡不著。

如果喪親的病人向醫師表示失眠實在太過痛苦，醫師通常都會開立苯二氮平類藥物

（benzodiazepines）或安眠藥物給他們；實驗研究證據顯示，這些藥物對悲傷的狀態沒有幫助，且長久來看還會導致喪親者的睡眠狀況更糟糕。[49]雖然吃了安眠藥的那一晚確實睡得比較好，但久了以後，我們生活的晝夜節律（circadian rhythm）也會變得習慣藥物的存在；過了一段時間，在你準備睡覺的時候，藥物帶來的感受就會變得和其他準備睡覺之前會做的事情一樣重要，因此只要停止服藥就會又睡不好了，甚至還有可能睡得更糟。停止服藥以後失眠又回來了，現在你不僅得面對深愛之人離世的現實，連身體原本預期的藥物作用也不復存在。這就是讓我們了解時間無法真正治癒傷痛的另一個例子，我們必須仰賴生活體驗來治癒自我；倘若沒有這些體驗（即便是失眠的痛苦體驗），將更難學會如何重新建立有自然生理時鐘的生活，也更難找到能讓睡眠狀況恢復正常的方式。

失眠是一個非常重要的議題，因此我想要先澄清——醫師為病人開立安眠藥物其實都是出於善意。針對醫生進行的研究也產生了一個意外發現；科學家想了解為何醫生會在違背各種醫學指引的情況下，仍決定開立苯二氮平類藥物，如名為煩寧（Valium）的二氮平（diazepam）以及名為安定文（Ativan）的蘿拉西泮（lorazepam）給年長病人。這項研究設計的初衷並不是為了探討喪親是不是醫師開立這類藥物的潛在指標，而是想知道醫生們選擇開立這些藥品幫助病人入眠的原因。然而出乎意料之外的，其中有超過一半（三十三位醫生中共有十八位）的醫生表示，他們會為處於嚴重悲傷狀態的病患開立苯二氮平類藥物。[50]研究人員當時並未意識到這種現象有多麼普遍，我們現在所提出的擔憂當時也不在研究人員關注議題的範圍內。研究人員除了詢問醫師之外，同時也找來五十位長輩進行訪談；這些年長者都長期服用苯二氮平類藥物。因此研究人員想知道醫生當初為這些長者開立這項處方的原因。其中有百分之二十的受訪長者表示，他們一開始是因為失去親近的人才開始吃這些藥，然而後來就從沒停藥過了。這些長者平均都已服用這些藥物將近九年的時間，但其實我們都知道，針對失眠的認知行為治療不僅比藥物更有效，造成的副作用也更少。

醫生會開藥給病患，是因為他們對病患的壓力感同身受，同時也希望能為對方做點什麼；其中一名受訪的醫生表示：「病患打給我，說他兒子過世了，丈夫走了……我馬上就會選擇開苯二氮平類藥物給他們。我很自然地就會開十五顆、二十顆、一個月份量的藥物給病患。假如這些藥還不夠，他們就得約診來看醫生，所以這些藥其實很好用。」我並不是想告訴大家，絕對不可以使用這些強效的藥物，而是想讓大家知道，如果醫師的初衷是想為病人提供關懷與照顧，但又沒有證據顯示這些藥物真的能有效治療失眠或悲傷疾患，那麼醫生開立這些藥物的動機與行為並不合乎邏輯。

我們無法逼迫自己睡著，也無法逼迫自己不要繼續悲傷；你我能夠做的就是想辦法為身體系統找出恢復規律的機會（即便這個過程很花時間）。一步一步地慢慢把破碎的生活拼湊起來，發展新的習慣、新的校時器，用新的方式看待過去發生的事。而其中一種能夠幫助人類自然入睡的方式，就是增強睡眠的規律；人雖然無法逼自己入睡，但可以要求自己每一天在同一個時間起床，這就是最強大的校時器了。起床時間能夠重置人類的生理時鐘，長久下來，就能夠改善睡眠狀況。每天在同一個時間只要鬧鐘一響就起床，即便可能因為睡得太少而導致白天很疲倦，但確實會對晚上入睡有所幫助。人類大腦其實很聰明，在失去親近的重要他人時，依然會把握每一個睡眠階段的時間；大腦會抓緊每一分一秒，把睡眠時間分給深度睡眠、快速動眼睡眠以及淺眠的不同階段。這也就表示，雖然整體而言我們睡得比較少，但依然掌握了整個睡眠過程所需的每一個階段。這又是一個大腦用人類無法理解的方式為我們行動的絕佳例子。

除了使用藥物以外，在進入睡眠的過程中插入其他干擾因子也會破壞睡意。有位老紳士的太太死於乳癌，他說他總是在電視前的那張躺椅睡著，因為自己實在無法起身去面對曾經與妻子每日共枕眠的那張床。每天入夜不久後睡意就會悄悄襲來，他也很開心自己終於可以安眠；但在椅子上睡覺只能治標而不治本——因為他總是會在睡到一半時突然醒來，發現電視還開著，這時他還是得面對那股走回主臥室睡覺的恐懼。在這種情況下，他少了每天睡前那股令人產生睡意的疲倦感（因為身體對睡眠的生理需求已經被躺椅上那段睡眠滿足了），因此就只能躺在床上失眠一整晚，一邊感到悲傷又寂寞，反而增強了這張床與悲傷情緒之間的連結。自從更了解人類的睡眠生理系統以後，他規定自己每天晚上十點開始播新聞的時候，就得從躺椅爬起來準備上床睡覺，畢竟以前他常常在新聞頭條剛播完就睡著了。現在他會在電視播第一條新聞時刷牙，等到第一次進廣告時，就已經準備好要上床睡覺了。雖然還是很不想面對房間裡會引發回憶的一切事物，但他還是乖乖躺下，而睡意通常也會自然而然地湧上來。過了一段時間以後，他不再那麼害怕上床睡覺了，也更有信心自己不會一躺到床上就被一波波的悲傷情緒淹沒。

人群像一條河

羅倫斯．泰努爾（Lawrence Tirnauer）寫了一首詩叫做〈無眠之人〉（The Sleepless Ones）。在這首詩中，泰努爾描繪了人在夜半時分無法入眠，在床上扭動著身體、翻來覆去，對自己睡不著感到懊惱的情景；他很好奇，到底有多少人也是這樣痛苦地清醒著呢？假如這些人通通爬起床，離開家裡、走到街上，他想像這些人就像河流一樣因為無眠的狀態而匯集在一起，真美。

失眠之於我們，正如同悲傷的情緒一樣，都有令人難以理解的地方：這個世界上隨處都有悲傷——不單單只有你一個人在面對，而感到悲傷在某種層面上來說，正是生而為人必然會經歷的過程。然而從另一個角度來看，這也就表示我們在感到悲傷時，就立刻成為了那成千上百已體會過悲傷的人群的一部分，其中包括了我們的祖先、鄰居或全然的陌生人。這條人群聚集而成的河流不一定能理解你個人的悲傷，但他們也同樣在悲傷中苦苦掙扎，所以你其實並不孤單。一旦我們只關注自己內心的悲傷，只關心自己的體驗，就無法與身邊的人產生連結。換個角度來看，假如我們能夠理解悲傷是構成這個世界的一部分，而每一個人都是其中的一員，就能藉此找到與其他人之間的關聯。有時候人會為自己強烈的悲傷感到羞恥，也可能因為別人面對這些情緒所產生的反應而憤怒，當然也可能覺得無力、無助、擔憂，這些感受都可能會周而復始地出現。但假如我們能夠了解生而為人，有一天勢必得面對悲傷，因此學會不再批判自我、用同理心看待自己，也許就會發現與他人產生連結變得更加容易。

這就是一種關係遠近的變化，人類大腦會運用這種向度來衡量各種事情。你能夠像把意識從過去轉移到當下一樣，將疏離的感受化為緊密的關係嗎？各位可以想想，你與任何一個人之間會有多少相同之處；你們都遭遇過挫折，同樣想獲得快樂，也一樣都有會感到疼痛的肉身。這些相同之處各自的細節或許有所不同，但人與人之間在這個世界上的體驗其實大致相似。各位可以回頭想想第二章提過的「重疊的圓圈」（也就是自我涵蓋他人量表），如果你讓兩個圓圈像星球在太陽系裡的移動方式一樣互相環繞，能看見的風景也就不再相同。藉由不同的排列方式，就能改變視角，而兩個星球之間就算完全沒有接觸，也或許能夠從不同的角度看見某些彼此共享的空間。從另一個角度看來，你和另外一個人之間或許確實有著緊密的關係。

幾年前，我曾開車到懷俄明（Wyoming）觀賞日蝕，那是在日正當中時出現的壯觀景象。其中一小段時間，我看見了月亮擋在太陽與地球之間；從我站在地球上的角度看起來，圓圓的月亮慢慢蓋過明亮的太陽，原本是新月形的黑暗部分也慢慢增加。我滿心讚嘆，原來只要一切排列得剛剛好，星球之間竟然能看起來如此靠近。在某些悲傷的時刻，能夠覺得與身邊的人關係緊密，是如同日蝕一樣罕有的感受；但如果刻意為之，我們確實能夠藉由改變觀點來拉近與世界上其他人的關係。若我們能好好關注當下的每一刻，用心感受關係的遠近或是改變看待關係的觀點，我們就能發現自己與任何愛過、哀悼過的人都存在某些共通點；而這些情緒正是幾乎所有人類都體驗過的感受。

突如其來

神經心理學家運用測驗來判斷受試者大腦轉移注意焦點的速度；在他們所使用的連連看測驗中，受試者要按遞增順序連接各個點。其中較為困難的是，受試者必須將注意力輪流放在遞增的數字與順序漸進的字母上（從1連到A再從2連到B，一直持續連下去）。掃視整頁數字後迅速地記憶，再轉移注意力找出下一個字母不是一件容易的事；受試者完成這項實驗作業的速度與大腦執行控制網路（executive control network）中連結的程度高低有直接相關。特別是大腦主掌控制網路的各腦區活動的同步率，與受試者完成這項連連看的速度有關，也就代表與人類在不同事物之間轉移注意力的能力有關。[51]

假如一個人想把注意力從關於悲傷的思緒轉換到當下的這一刻，就得運用這種在不同作業間轉換注意力的能力。卡內基美隆大學（Carnegie Mellon University）的神經科學家大衛・奎斯威爾（David Creswell）的研究核心是人類所面對的另一種悲傷——失業。他找來正在找工作的無業受試者參加三天的靜修課程，教他們各種冥想的方法，並分別在這三天靜修的前後為受試者做神經成像造影。其中一半的受試者學習了如何覺察自己的感受，為其命名以後就放下思緒，再將注意力引導回當下這一刻。他將受試者靜修前後的大腦成像做比較後發現，學習了冥想方法的受試者，大腦執行控制網路與預設模式網路（default mode network）*之間的同步程度更高。[52]活動結束後，將在靜修期間接受冥想指導的受試者與控制組的受試者相比，前者的大腦連結也有大幅度的增加；控制組在靜修期間接受了關於壓力控管的指導，但未曾教他們如何增加對當下的覺察以及怎麼轉移注意力。大腦網路之間的連結或許就是一種神經特徵，代表我們將注意力從大腦的預設狀態（關注於個人內在的思緒）轉移至當下周遭所發生的一切之能力有所提升。一個人如果無法好好關注當下，從現下發生的一切得到回饋，適應的過程就有可能更加漫長，得花更長的時間學習如何在失去深愛之人以後仍然掌握充實的人生。

C．S．路易斯寫過這段話：「我不僅活在無盡的悲傷裡，活著的每一天更是都在思考生命裡的無盡悲傷。」（I not only live each endless day in grief, but live each day thinking about living each day in grief.）剛開始面對失去深愛之人的事實，許多人都無法繼續和平常一樣維持日常生活、做各種瑣事；我們的心靈、大腦、身體都因為失去了摯愛而無法如常運作。但隨著時間的流逝，我們開始有機會在當下的每一刻學習如何面對眼前的現實；我們可以好好思考把當下用來渴求過去的一切究竟是好還是壞，同時做出對自己來說最好的選擇。我們可能會試圖逃避眼前發生的一切，將自己隔絕在當下看見、感覺、品嚐到的事物之外。我們也可能單純出自於習慣地放任注意力四處遊移；除非特別注意，或是正在做某些需要專注的事情，否則根本不會覺察自己心靈關注的焦點。轉移注意力的焦點做起來比看起來困難；不僅需要花費額外的心力，剛開始更是不容易上手。這是因為人類大腦一直都在製造各式各樣的思緒，所以很難長久地完全關注當下。但只要反覆練習轉移注意力的技巧，其實真的可以改變大腦；人會練習新的思考方式（不管是學習冥想還是進行心理治療），神經成像研究都顯示這些行為會對大腦活動模式產生改變。人類思考的內容、關注的焦點能改變大腦以及神經突觸的迴路，這個了不起的發現實在令人讚嘆。這種改變也是個動態過程；大腦神經細胞的連結會左右大腦產生思緒的內容，人類思考的方向也會改變這些神經細胞之間的連結。

我有個朋友是按摩師，她曾經做過一個比喻；她覺得自己的工作並不只是機械性地降低人類肌肉的壓力，放鬆的關鍵其實是要讓客戶把注意力放到身體特定的部位上，這樣他們才能靠自己的力量放鬆肌肉。而她身為按摩師的任務，則是要負責引導客戶的注意力；

* 譯註：指大腦在清醒的狀態下休息，且未關注外在世界事物時（例如做白日夢或思緒游移不定）會產生活動的大腦網路。

至於放鬆這件事，其實是來自於客戶內在的改變。我們可以怎麼提醒自己把注意力放回當下呢？

當我們又將注意力用在逝者身上時，可以用紀念的行為明確提醒自己關注當下。紀念可以是一次性的活動；不過在許多文化中，人們每天或每週都會運用紀念儀式的外在行為來連結內心對已逝摯愛的思念。點蠟燭就是一種相當常見的紀念儀式——點燃火柴後看著燭光，聞到煙的氣味、看見燭淚，人類當下的行為乘載了情緒與對已逝親友的思念——這一切都提醒著我們，雖然活在當下，但總有一部分的過去一直在你我心裡。

也有一些紀念儀式的形式比較隱晦。多年前，我的貓過世了；那是我第一次跟動物建立長期關係，也是我第一次體驗為這種關係感到悲傷的感覺。在貓咪死後，我就開始買花；在牠還活著時我不可能這麼做，因為牠一旦找到我買的花，一定會把它們吃掉、再吐得滿屋子都是。很長一段時間我都想不通為什麼自己要一直買花，這份買花的動機更是連我自己都覺得奇怪，畢竟看著那些花其實令我有點痛苦，因為那會讓我想起過世的貓咪；但我同時又很享受花兒精巧的花瓣和馥郁的香氣。後來我終於想通了，我很愛我的貓，但那並不代表我就不想念家裡可以擺花的日子。而在現在這一刻，即便這些花令我想起貓咪已經離開這個世界，但我確實也享受著家裡有花的日子。這兩件事並不是單純非黑即白的選擇，也不是我可以任意在兩者間擇一的選擇題，而是當下擺在眼前的現實。每一件事情總是會有令人喜歡和不喜歡的不同層面，我無法假裝我親愛的貓咪還活著時，關於牠的一切都是全然的美好。買花則是我提醒自己活在當下的方式；而我也真的想置身於當下的這一刻，伴著身邊的花朵與對貓咪的回憶，帶著生活中的一切繼續前進。

四處漫遊的思緒

哥倫比亞大學的神經科學家諾恩．史內克（Noam Schneck）在二〇一〇年代末發表了數篇論文，為大腦如何處理悲傷的各種疑問找出解答。史內克運用了全新的腦科學技術——神經解碼（neural decoding），這種技術使用極精密的演算法，找出人類想起特定事物時，大腦活動所留下的「指紋」。其方式如下，史內克請受試者想著過世的重要他人（他會讓受試者看關於逝者的照片與故事，幫助他們產生這些思緒），同時為他們做大腦成像；我們稱這個實驗為照片／故事作業（photo/stories task）。受試者也會瀏覽陌生人的故事與照片，其作用就像前一項實驗中的控制組一樣。掃描受試者進行以上兩項作業時的大腦成像後，再使用電腦辨識受試者想起逝者時大腦所產生的獨特活動模式（或者也可以稱為與逝者有關的腦指紋），並將其與看見陌生人而產生的大腦活動做比較。因為是用電腦找出大腦的活動模式，這項技術也被稱為機器學習；更準確來說，電腦藉由在一連串的數據中找出規律，並從中「學習」如何辨識人類的思緒。接著便要「測試」電腦是否能在別的數據上使用一樣的模式，精準預測出同樣的思緒內容。從史內克的研究可以發現，大腦活動的模式（也就是與逝者有關的思緒在大腦所留下的『腦指紋』）其實也包含了我們在過去的悲傷研究中所發現的相關腦區活動；而位於依核附近的基底核（basal ganglia）正是其中一個大腦活動區域。

機器學習的過程中，有一點相當令人驚嘆；史內克一旦辨識出關於逝者的腦指紋，就能藉此在進行不同實驗作業時所拍攝的神經成像中找出關於逝者的思緒。除此之外，受試者也會做持續性注意力測試；這項測試非常無聊，因此受試者通常測試到一半就會開始思緒游移不定。受試者要躺在大腦成像儀器中十分鐘之久，畫面中只要出現除了三以外的數字就按下按鈕。各位應該也想得到，這項測試不需要太過專注就能輕鬆完成，因此受試者很快就把注意力放到其他思緒上了，而這個現象正如研究人員所預料；因此他們每過三十秒左右，就會詢問受試者是否想起了過世的重要他人。

史內克與研究同仁想知道在照片／故事作業辨識出的腦指紋，是否能用來精準預測受試者在持續性注意力測試中想起逝者的時機。現在我們知道，機器學習演算法從第一項實驗作業所找出的神經特徵，確實能夠大概（也就是以高於巧合的機率）預測出受試者在第二項實驗作業中表示想起逝者的時機。

各位可能會覺得這種技術令人毛骨悚然，也或許會認為神經科學家根本就是在嘗試讀心，但在各位下定論之前，請別忘了，假如沒有受試者的同意，實驗人員根本無法找出他們的腦指紋。得要由受試者本人向實驗人員回報想到某些特定事物的時機，才能建立電腦用來進行機器學習的數據資料，而這整個過程都需要受試者的同意與配合才能辦到。此外，這種神經解碼的技術雖然令人驚艷，但離百分之百的準確度還差得遠。人類的思緒就是一種意識經驗（conscious experiences），而研究人員也得仰賴受試者本人回報的大量資訊，才能取得這些思緒產生的腦指紋，電腦也才得以學習其中的規律。假如沒有受試者協助實驗人員將他們當下的思緒與大腦活動圖譜做正確比對，研究人員也根本不可能知道受試者當時在想什麼。

那麼喪親者在實驗進行的當下，到底會有多少時間把注意力放在眼前的實驗作業上呢？史內克的神經成像研究成果顯示，受試者在進行持續性注意力測試時（其實這時他們通常都在胡思亂想），其中有百分之三十的時間想起了過世的重要他人。在現實生活中，人在剛開始面對悲傷時，做任何事都常會被關於逝者的侵入性思維干擾。而這項研究最有趣的一項結果就是：受試者的大腦活動若越常出現與逝者有關的腦指紋，在日常生活中逃避對逝者的思念或迴避悲傷情緒的頻率就越高。這樣看來，越努力避免想起逝者，就越容易在思緒四處漫遊時無意識地想起他們。由此可見，雖然喪親者會運用認知迴避（cognitive avoidance）的方式來遠離不時出現的失落之痛，然而如此卻會帶來更多侵入性思維的出現。一個人若壓抑思緒，反而更容易使那些思緒反彈回來；長期來看，逃避對喪親者來說其實沒有什麼幫助，我們還是得找出其他方式幫助他們在當下好好面對痛苦的思緒。

無意識地處理失落

史內克第一項研究的焦點，是受試者在有意識的情況下所產生關於逝者的思緒；即便受試者想到這些念頭的當下正在試著做別的事，他們仍然是有意識地想到這些事，且也能夠向研究人員回報他們的思緒內容。而他的第二項實驗則更有趣了；史內克想更深入了解人類在無意識之下如何處理失落。對於那些有意識而產生的思緒，他可以直接問受試者正在想什麼就得到答案；然而如果要研究人類在無意識狀態下認知處理的歷程，就得找出不必仰賴受試者回報狀態就能收集腦指紋的方式。無意識的認知處理就類似於我們在第一章提過的狀態：失去重要他人後，大腦得浸淫在新狀態足夠的時間，藉由真正的體驗才能學習重要他人已經離世的事實。例如在洗完衣服以後，發現自己再也不必打開丈夫的衣櫃收拾洗好的襪子；人類大腦需要在背景處理反覆產生的新體驗後，才會建立新的行為模式。也因為大腦會在人們沒有明確意識到的情況下不斷學習、調適，所以在哀悼的過程中，人們並不需要隨時隨地做悲傷工作或刻意關注失落的體驗。我的研究生薩倫．希利（Saren Seeley）認為這種大腦功能就像是用電腦打字時，在背景不斷運算的程式；正因為有許多看不見的背景程式在運作，我們才能用電腦打字。然而電腦能分配給不同功能的運算能力也有其極限，如果超過限度，系統就會失靈。

史內克觀察第二項實驗中，受試者因為照片或故事而想起逝者，並因此放慢思緒的現象，藉此找出人類無意識地處理失落而產生的腦指紋。我想大家應該都有發現，面臨哀悼的時候，四周各式各樣的事物都會令你想起失去的那個人，而這些事物總是會令人分心。史內克運用神經解碼技術，觀察受試者看到與逝者相關的文字，並因此而分心時產生的腦指紋，並藉由反應時間實驗作業比較出，受試者在處理其他文字訊息時的反應時間更快。電腦則負責找出人類大腦在選擇性注意（selective attention）*時，分辨訊息內容差異而產生

＊譯註：指個體只注意某些訊息刺激，而忽略其他訊息刺激的現象。

的大腦活動。在這第二項實驗進行時，目標並不是要用電腦演算法找出受試者想起逝者時的思緒，而是要觀察受試者大腦的反應時間，是否有因為注意到與逝者相關的文字而變慢的現象。重點來了，受試者在做其他事情時，反應時間因為失落而變慢越多、越頻繁地在無意識下處理有關失落的訊息，回報與悲傷有關的症狀也就越少、越輕微；這種無意識思考產生的腦指紋越多，就代表當事人面對失落調適得越好。人類無法控制無意識之下產生的念頭，然而其背後運作的原理實在太有趣了！總而言之，史內克在這兩項研究中發現，有意識地想起逝者的侵入性思維會帶來更多悲傷；而你越逃避，這些念頭就越可能頻繁地出現。另一方面，無意識的認知處理歷程卻能夠減緩悲傷。由此可見，在面對悲傷時，大腦有意識產生的思緒不僅令人分心，對調適悲傷可能也毫無幫助（雖然我們通常逃不過這些念頭）；放任思緒四處漫遊時產生的無意識思考，似乎反而有所助益。

刻意逃避悲傷的喪親者似乎會努力掌控自己無意識的心智處理歷程，希望能夠阻擋關於逝者的思緒在腦海浮現。史內克把這種行為比喻為電腦上用處不大的彈出式視窗阻擋程式；從某種程度上來看，阻擋某些思緒浮上心頭似乎真的有效，就像那些阻擋程式一開始也看似有效。但慢慢的，系統會因為負擔越來越多的訊息而超載，最終彈出式視窗還是突破了阻擋程式的攔截。如今，關於喪親傷慟的科學研究還有很長的路要走，才能真正了解人類大腦有意識與無意識地處理悲傷情緒時各自的運作機制；我們也還需要更多研究，才能了解逃避與反芻思考導致、維持、延長悲傷疾患的原因。不過，現在我看到了許多聰慧的年輕神經科學家投身於悲傷的神經生理學研究，讓我有信心，我們確實走在發現新知的正確道路上。

愛

重要的人離世後，我們很清楚對方已從真實世界消失，而接下來生活的每一天都證明了他們的離去。但是從另一方面來看，他們並沒有真正離開過，畢竟他們一直活在我們的大腦和心智裡。我們大腦在真實世界的模樣——也就是神經細胞的結構——都已經被這些重要他人改變；從這個角度來看，已經過世的他們仍然有一部分還留存於這個世界上。那些神經連結仍好好地被我們的頭骨保護著，即便我們的摯愛死去了，這些神經連結依然存在於這實體世界上。所以那些已經離世的人並不是全然地「走了」，但也不能說他們「還在」；你已不再只是自己一個人，但也無法一人分飾兩角地讓對方繼續活在這個世界上。這一切都是因為兩個人之間的愛；這種我們絕對不會錯認、但卻常常無法言說的存在，只會在兩個人**之間**產生，而一旦我們體會過愛，就能再次想起愛的感受，也能確實感覺到愛從身體裡浮現。這種愛的感受不僅僅是對所愛之人在這地球上的血肉之軀所產生，只要體會過愛，愛就成為了我們的一部分，無論是與誰分享這份愛、無論能不能得到回報，都沒有關係；那是一種超然的體驗，是一種愛而不求回報的感覺，而你我也在這之中一起體會到了愛與被愛的美好時刻。正因為這份曾緊緊與彼此深刻連結的體驗，不管是已逝的摯愛，還是對對方的那份愛都已成了我們的一部分，等著我們在當下或未來適合的時機召喚這些回憶，讓它陪伴我們走向未來的人生。

〔第10章〕找到未來的定位

二〇〇二年的某個禮拜五，兩歲的小班（Ben）和媽媽珍奈特・馬芮（Jeannette Maré）、哥哥還有一位好朋友一起在家裡。小班的氣管因為腫脹而堵塞住了，雖然所有人都盡了一切努力，那個禮拜五仍然成了小班生命的最後一天，他幼小的生命實在太早就結束了。珍奈特說，當時她和家人都必須學著面對失去小班的人生，心中的痛苦實在難以言喻。於是他們和朋友一起開始捏陶，用創作來面對失去小班的痛，最後他們的車庫裡多了上百個陶瓷製的鈴鐺。小班忌日那一天，他們在土桑各處掛上了這些鈴鐺，上面寫著「歡迎大家把這些鈴鐺帶回家，將這份良善傳下去」。

珍奈特心裡明白，她是因為身邊有社區裡的好夥伴、親密好友，才能挺過艱難的日子，而她希望可以將這份善意傳遞下去，幫助更多有需要的人。**小班的紀念鈴鐺**（Ben's Bells）正是從令人悲傷的事件脫胎而出的非營利機構，他們的目標是「讓所有人、所有社群都了解良善的正面力量，也希望啟發大眾帶著善心生活。」小班的紀念鈴鐺在世界各地從幼稚園到大學的各種教育機構開設關於良善的課程；他們的影響力之大令人印象深刻。隨便經過土桑的任何一間學校，都能看見牆上掛著綠色的磁磚，上面寫著「保持良善」（Be Kind）。鎮上車輛的車尾也都貼著花朵形狀的綠色貼紙，中間的字樣也是「保持良善」。無論是贈與或收到頂端有陶瓷花朵的手工鈴鐺，都被視為令人格外敬重的舉動。

人在哀悼的過程中，可能都遭遇到和珍奈特一樣的情況；大家對哀悼者說的話不一定總是那麼善良或有所助益，而這正是小班的紀念鈴鐺會誕生、且如此有影響力的原因。有些話即便是出自善意，卻依然傷人。我一輩子都在思考關於哀悼的議題，然而我仍然會為某些自己曾對哀悼者說的話感到難為情。在那種情況下，我們常常不知道該說什麼才好，也常常說錯話。

珍奈特有關於溝通技巧的專業背景，這也讓她發現，大家實在應該好好談一談**如何**保持良善。若想知道對於正在哀悼的人來說，到底什麼是「良善」，我們就得先體會悲傷是什麼感受。珍奈特從不逃避這些難以啟齒的話題，也從不避諱向大家解釋悲傷的感受。人在哀悼時，可能會難過、憤怒，這是失落的自然反應；至於周遭的人則應該了解，自己真正該做的其實並不是鼓勵，而是陪伴。珍奈特同時也發現，話語所傳達的感受比內容更加重要，因此她希望幫助大家更認真傾聽喪親者的感受，了解他們當下的狀態，這才是最重要的事。即便只是告訴對方：「我不知道該說什麼才好，但我很愛你，也願意陪你走過這一切。」也能讓對方感受到你的真心與支持力量。至於送禮物（例如小班的紀念鈴鐺）的行為，則是希望大家反思該如何給予、如何好好活在當下、保持良善。也因為珍奈特親身體會過悲傷，並且對自己遭遇過的痛苦開誠布公，她才能將這份傷痛以及從他人身上獲得的支持力量轉化為立意良善的公益計畫，讓所有人（即便不認識小班）都能因他的生命而得益。小班的生命故事鼓勵了許許多多的人，這雖然不是珍奈特預想的生命樣貌，但她確實重拾了充實的人生。

悲傷與哀悼

正如我在本書序言所提過，悲傷與哀悼並不相同；悲傷是一種痛苦的情緒狀態，會自然地反覆來去。人們發現痛苦席捲而來的頻率降低，或強烈程度趨緩時，可能就會想像悲傷已經「過去了」；如果你的目標只是痛苦少一點、悲傷的頻率低一點，其實這樣想也沒錯，隨著時間的流逝與生活中各種體驗的洗禮，悲傷的狀態確實很可能會日漸趨緩。然而，從另一方面來看，某個人失去生命中重要的人以後，悲傷與痛苦都未如預期減緩或變少，他可能就會開始反芻思考失落這件事本身以及自己的反應，開始擔心「我的悲傷到底正不正常？」「大家都期待我『走出來』，但我不覺得自己能夠『走出來』；我會一直陷在這種狀態裡嗎？」如果在面對悲傷時用這種方式不斷檢視自我，而不是允許自己慢慢好起來，反而會讓心神不斷聚焦在悲傷上，導致對悲傷的反應加劇，也可能延長悲傷的狀態。

另一方面，我想大部分喪親者對於哀悼終於「結束」這件事的期望，並不只是悲傷的程度趨緩或頻率下降，而應該是重新找回充實生活、順利調適。然而，達到充實生活所需要的絕不只是終結劇烈且頻繁出現的悲傷心情；若是把重新與逝者一起生活，視為重拾有意義的人生的唯一方式，那麼這個目標永遠也不可能達成，因此若想找回充實人生，我們就不得不放下這種對於生命意義的單一定義，進而思考可能達成目標的其他方式。不過說實話，我們都知道，這實在很難。

如果你對於充實人生有好幾種定義，或許就更有可能真正達成目標，不過這也必須具備強大的勇氣與彈性，讓大腦準備好學習新事物，同時專注於當下那些真正令你感到有意義且滿足的事物。這樣的轉變或許會使你的人生與過去再也不同，但也有可能令你的生活充滿愛、自由與滿足感。在重要他人過世之前，他們能夠滿足我們對依附的需要，而在他們離世後，哀悼正是學會以其他方式繼續滿足依附需求的過程；我們並不一定非得靠另一個人滿足這份對依附的渴望，有意義的人生也並不與再次結婚或再生一個小孩劃上等號。事實上，這些關係反而可能令你無法專心致志地找回充實人生，成為你通往目標道路上的阻礙。

更甚者，我們對於人生意義的定義很有可能會因為失去親密的人而改變。死亡會用粗暴的方式讓生者知曉，人生最重要的究竟是什麼；經歷身邊的人死亡而明白人生真正的意義以後，我們很可能就會發現自己的日常生活與心中抱持的理想價值大相逕庭。這種醒悟令人挫敗、沮喪，但也有可能激起當事人想改變生活、追求真正人生價值的決心。我們可能因此不再願意聽同事喋喋不休生活裡上演的各種戲碼，因為這令你感到虛偽又沒意義；也可能因為才剛失去了重要的人，開始不那麼逼迫自己非得在家庭活動上維持禮貌。發現自己定義的人生價值與日常生活背道而馳，可能會令我們對身處的一切狀況都感到不耐，也可能促使我們再也不害怕表達強烈的情緒、勇於追求新目標。然而，沒有人能生活在毫無其他人事物存在的真空世界裡；我們的強烈情緒或改變也可能令身邊的其他人難以調適，也可能因為自己有了新的覺察，秉持與過去不同的人生優先順序，而與生活周遭的人產生摩擦。有些人在失去了生命中的重要他人以後，發現自己通訊錄裡的所有名字也隨之不同了。我們有時候會在哀悼的過程中重新定義自我，而這份定義則是來自大腦面對少了那個人的新世界所學習到的一切，以及令我們覺得愉悅、值得的事物。假如一個人的自我價值曾經在逝者仍在世時與之交疊，那麼在對方離開人世、失去了這份深遠的影響以後，會重新定義或更新自己的理想與環境，也不那麼令人意外了吧？

未來的計畫呢？

人在想像未來（那個重要他人已經離開，全新且未知的未來）時所運用的大腦網路，似乎與回憶過往所運用到的部分十分相似。這聽起來或許很怪，但加拿大的認知神經科學家愛德華·圖威（Edward Tulving）就證明了人類大腦在時間裡自由穿梭的能力；不管是遙想未來還是回首過往，其實都有相當重要的共同特徵。正如我們在前幾章提過的，記憶是因為大腦重播了源自於原事件而產生的神經活動而存在，這會讓人類感受到某件事以記憶的形式重演，同時也會知道這是在喚醒回憶。各位可以想像，未來其實也是以事件的各種可能性所拼湊出來的存在，只是我們知道那是未來可能發生的事。大腦為了使想像出來的未來虛擬畫面更加真實，會以全新的方式拼湊過去已經體驗過、未來可能再次體驗的事物。

不久之前，我去了拉斯維加斯為朋友慶祝五十歲生日。我記得飯店房間的模樣，也能回想起從窗邊經過床鋪，再走進寬敞浴室的畫面；也記得那杯美味奶昔，還有太陽馬戲團帶來令人讚嘆的視覺享受。不管是我穿去和朋友一起吃生日大餐的那件衣服，還是在飯店房間把衣服拿出來的畫面，我都歷歷在目。這一切記憶都讓我更能想像未來再去度假的樣子；我可以想像出自己大概想訂多大的房間、房間是不是要面對市中心，也可能會先訂好那間有供應滑順奶昔的餐廳。我也可能會預想自己和朋友都會有興趣的活動應該是精彩的視覺饗宴，而不是聽駐唱歌手表演。至於在計畫要帶哪些行李時，我也會在腦子裡試穿各種服裝，考慮哪些衣服最適合當地的氣候、季節以及準備從事的各種活動。以這種角度來看，就可以發現喚起回憶與想像未來可能發生的事件其實驚人地類似。

神經科學家也發現了兩項強而有力的證據，證明人類大腦在回想與預想時，運用了相同的神經運作機制。第一項證據是，實驗人員請受試者在回想過往與預期未來時拍攝大腦成像，發現這兩種心智功能所使用的腦區有相當重疊；第二項證據則是，受試者若無法回憶過去發生過的事件，他們通常也難以想像未來。

藉由觀察缺乏相應腦區的大腦，我們就能了解擁有正常記憶能力的大腦如何運作。圖威曾對一位名為K．C的知名患者進行研究，他的大腦缺乏自傳式記憶以及想像未來的能力。K．C當初是因為騎摩托車出車禍而傷到頭部，這個傷勢對他的心智功能造成十分特別的影響：他的智力、注意力、語言能力都沒問題，也擁有正常的短期記憶能力（可以記得短期內發生的事情），對於世界的理解（也就是語意知識）也沒有問題；他可以認出自己的車、小時候住過的地方、家庭成員。然而他卻記不得與這些人事物之間曾經發生過的任何事；他知道這些人事物與自己的關聯，卻無法喚起任何相關的回憶。圖威同時也評估了K・C思考未來的能力；他問K・C隔天要做什麼，K・C卻完全無法回答這個問題。K・C只答得出他不知道，而且他大腦裡的狀態就跟試著想起過去發生的任何事一樣，完全是一片空白。人類大腦在記憶過往與想像未來時運用的是同樣的神經運作機制，然而K・C大腦中的這項功能遭到了破壞，因此同時失去了回溯過去和遙想未來的能力。

一部分過去，一部分未來

受複雜性悲傷所苦的人回想過去、想像未來的能力也特別不同；哈佛心理學家唐・羅賓諾（Don Robinaugh）和理查・麥克奈利（Richard McNally）找來了喪親的受試者，測試他們回憶的能力；他們發現最難以調適悲傷的受試者，同時也是最想不起記憶細節的族群（除非那些回憶裡包括了已逝的重要他人）。同樣的，他們也很難想像關於未來的情節，除非想像出來的是已逝親友還活著、違反事實的幻想情節。

為了確認以上幾種現象，羅賓諾與麥克奈利同時請來一群面對悲傷調適良好的喪親者和一群有複雜性悲傷的喪親者，請他們盡可能深入細節地想像四種狀況。他們也向受試者解釋了什麼是回想過去常態，什麼是回想自傳式的特定事件。關於過去常態的記憶通常包含長時間內發生的事情，例如唸完中學後的那個夏天；也可能是會定期重複發生的事情，例如學校裡的生物課；也可能是關於某個人的背景知識，例如某個人念的中學名稱。關於特定事件的回憶則會包含關於單一事件的更多細節，例如某個人中學時畢業典禮的情景；以上不同種類的記憶會儲存在大腦的各個腦區。接著他們請受試者回想或想像符合成功、快樂、受傷或歉意這幾個種類的事件——其中一半要關於逝者，而另一半要與逝者無關。那些面對悲傷調適良好的受試者，無論想像出來的內容是否包含逝者，他們深入關於特定事件的細節回想過去或想像未來情景的能力並無差別。至於那些為複雜性悲傷所苦的受試者，在必須撇除逝者的情況下，回想或想像出來的過去記憶或想像畫面都比較少。

羅賓諾與麥克奈利同時測試了受試者的工作記憶；這是人類在大腦暫時儲存資訊的能力，不管是要產生回憶還是想像，這項能力都是必要的存在。有複雜性悲傷的受試者特別容易回想起關於逝者的回憶，而這是因為研究人員提問時，受試者滿心都想著逝者，因此他們想到的回憶也就通常會與逝者有關；因此一旦研究人員要求他們找出那些不包含逝者的記憶，就可能得花費更多的心力才能辦到。研究人員正是靠工作記憶測試出了這一點。

受複雜性悲傷所苦，且工作記憶能力又較弱的人，他們能想到與逝者無關的回憶最少；這或許是因為要撇除關於逝者的記憶、想出與他們無關的情景，對這些人來說需要花費更大的力氣。

為什麼有複雜性悲傷的人大腦裡會有更多關於逝者的回憶？更奇怪的是，為什麼對他們來說，想像與逝者有關的未來還比較容易呢？目前我們找出了兩種可能的原因；一來，假如一個人時常反芻思考關於逝者的一切，構成他記憶的各種材料就很有可能包含了關於逝者的元素，也因此被問及對於未來的想像時，很容易就會說出與逝者有關的內容。其二則是，假如一個人的自我認同與逝者的身分互相重疊（例如將自己視為某個人的「太太」），在想像過去或未來的自己時，就很有可能因為這種重疊的身分認同在腦中的畫面納入關於逝者的內容。假如我們很自然地把自己的身分定位為有丈夫的人，在想像未來自己的樣貌時，就也會自動將丈夫的身分代入。若一個人將「太太」的身分視為「自我」的一部分，也就不難想像，為何有人會在丈夫過世後覺得好像失去了一部分的自我。這麼說來，假如一個人能擁有許多與逝者無關的身分認同，例如「姐妹」或「導師」，腦子裡浮現的畫面就很有可能與逝者無關。

修復重建

修復自我並重建有意義的人生，正是調適喪親傷慟的雙歷程模式其中一半的主題。想要重新建立有意義的生活，當事人得先有辦法想像出那種生活的樣貌。人正是因為無法想像出未來的模樣，才會覺得沒有指望，因此我們得要具備足夠的能力想像、計畫屬於自己的未來，即便只是未來一週的短暫計畫也好。我時常聽喪偶的長者說，每天傍晚和每個週末是他們最難熬的時刻，因為其他人都有事情要做，身邊也都有人陪伴他們一起做這些事，這令他們覺得格外孤單。

假如哀悼是一種學習的過程，我們就可以利用每個週六和週日的機會來驗收原訂週末計畫的成果，藉此評估自己喜不喜歡這份計畫、是否覺得那些活動有意義、是不是讓接下來的一週更為充實。在喪親傷慟的調適過程中，人就是不斷地練習、不斷地失敗。我們雖然會預先計畫，但計畫總是趕不上變化，沒有人能完全預想現實會怎麼發生；有些人在喪偶或喪子以後就與周遭的其他人疏遠了。不過，幸好大家還有過去的人生經驗與直覺可以仰賴。不，我不想去參加搖滾演唱會一路玩到凌晨；好，我確實需要在週末找些人拜訪，不然一定會覺得孤單又憂鬱。不過這就表示我應該大老遠開車去拜訪親友嗎？還是找朋友喝杯咖啡就好？到底該如何做選擇，或許答案還十分模糊，但總之只要願意預先計畫、實際執行，儘管一切都還是未知，你最終卻一定會得到答案。我在經歷哀悼過程時，發現自己最好在每週六早上就先採買好家用品與食材，因為我通常會缺乏動力去做這些事，而且胃口也不太好，所以一旦沒先把食材買好，非等到晚一點才想著去處理這些事，通常就會落得接下來一週都只吃麥片的下場。

修復與重建的步驟在迎接節慶假日到來時顯得更加重要。大家應該都知道節慶假日對於哀悼的人來說有多難熬，畢竟這些節日總是充滿儀式性的氛圍與活動，而那通常會激起許多回憶，而且這些節日都強調團聚氣氛，很容易令人想起過去身邊那個總是一起慶祝的重要他人。為節慶假日預先做好計畫就表示，你得事先想像在失去逝者的情況下該怎麼過節，這也是為什麼許多哀悼中的人根本不願意思考該如何度過節日。我母親在十二月三十一日過世，我伴侶的家人便邀請我、姊姊、父親在接下來的聖誕節到德州和他們一起過節。我們三個實在都無法想像到別人家過聖誕節會是什麼感覺，但我們確實比較想在一個不會引起那麼多回憶的地方度過節慶假期，至少失去母親的第一年是如此（第一年通常會面對特別多嘗試與失敗）。這麼看來，這種過節方式對我和家人來說是個很棒的選擇，而這一切的關鍵就在於，你要努力搞清楚什麼方式有效、什麼方式沒有用，這樣就可以在接下來的節慶假期應用這些知識，然後慢慢面對下一個、再下一個節日；畢竟年復一年、日復一日，節慶假期總會再次到來。當然了，大家也要知道，你或家人在哀悼的第一年用的辦法，很有可能跟第二年的計畫不同，畢竟同一招不一定總是有用。但好消息是，假如我們用心專注面對當下，好好記取前一年的經驗，並且刻意做好事前計畫，就一定會越來越了解怎麼有意義地度過節日，同時得到新的人生經驗——這個過程不一定總是充滿快樂，但至少會有意義。即便嘗試的結果不如預期的愉快，至少這個錯誤的背後有其原因，有你刻意為之的理由——你只是在嘗試；至少你已經試著走出來，試著讓別人進入你的生活，試著傾聽其他人說的話，而不只是深深沉浸在自己腦海的聲音裡，而且你正在創造新的回憶，用全新的人生體驗考驗自己（並努力撐下去）。

關係的未來式

人在面對重要他人的死亡以後，未來每一天的生活就此改變，而隨著撐過喪親的痛苦、活出更好的自己以後，自我認同也會隨之轉變。這麼說來，我們與逝者之間的關係是不是也會跟著改變呢？我母親過世已超過十年，但我覺得自己和母親之間的關係這麼久以來並沒什麼不同；我時不時地還是會覺得自己是個不夠好的女兒、因為無法幫助母親過上更好的每一天而充滿罪惡感，我也仍然對她養育我的方式感到憤怒，為這一切對我生命產生的影響感到沮喪。覺得自己就是由她的基因、她對孩子的控制欲，以及我需要為別人解決痛苦的執念所構成的產物。一個人得有高超技巧才能控制強烈的情緒反應，而我在二十幾歲、三十幾歲時還沒有這樣的能力；過了這麼久以後，即便我依然覺得是與母親之間的一切構築出了我看待世界的角度，但這些感覺終於不再那麼強烈。

我看著身邊的好友們邁入四十歲，其中有些人成了專業人士、做了父母，隨著人生經驗的增加，與母親之間的關係也跟著轉變。我發現他們越來越能夠包容母親的情緒與怪癖，也更加感謝母親為了讓他們受教育、給他們足夠的自尊或穩定的家庭而犧牲了許多自我。這是我頭一次感受到與過去不同的一種悲傷——我跟母親之間的關係，永遠也不可能有這樣的改變了。我們永遠沒有機會以兩個成年女人的身分，轉化彼此的關係了；母親離世的事實奪走了這份機會，我和母親之間的關係不可能轉變成我二十幾歲時想都不敢想的那種樣貌。突然間，我那份因為不必再因她痛苦而鬆了一口氣的心情，通通因為與母親之間再也沒有機會發生的一切可能性，變成了悲傷的情緒。

產生這種與過去不同的悲傷感受後，我發現自己隨之更加感謝母親給予我的一切。如果不是她規定我每天一定要練琴，讓我養成一天一天累積進步、積沙成塔的學習態度，我不可能在學術界撐下來；要不是她教導我寫感謝函的習慣、視場合穿得體的鞋子、如何與人閒聊，我也不可能擁有像現在這樣豐富的社交生活。即便我真的很討厭學這些，但我終於明白，母親當初是多麼渴望教會我一切能讓我在這個世界上活得更有優勢的技巧，而她願意犧牲一切來確保我學會這些東西。我也想起了她秉持的女權意識，讓我和姊姊都相信自己只要下定決心，沒有什麼辦不到的事。我想起了她總是願意全神貫注聽我們說話，即便我們都還只是孩子，她仍然願意用對我們感到好奇、不小看我們才智的態度與我們對話，這是其他父母並不總是能夠做到的事。我想起了那些讓我心裡充滿愛、被我遺忘已久的記憶，回憶起那些小時候和她親密互動的時刻，即便我後來長大成青少年、成年人以後便拉開了與她的身體距離。

不知為何，我深深相信，母親一旦不再被人類的軀殼侷限，不再被綑綁在這世俗世界上，她就能永遠做最好的那個自己。到了這一刻，我似乎已能夠把她最好的那一面放在心裡，繼續好好過我的人生。這並不代表我之前沒有用心為母親的離世哀悼，也不代表我過去曾經否認這些情緒，直到現在才又浮上心頭；這一切只是因為隨著年歲增長，我調適喪親傷慟的雙歷程模式也隨之轉變。即便走進人生新的篇章，我仍然為她的離世感到悲傷，但我也一直在調適她已經死去的事實，同時學習如何重新建立充實、有意義的人生。儘管我和母親的關係一路走來的確有許多磕磕碰碰，但因為我開始關注她的好，我和母親之間不管是現在還是過去的關係，都有了轉變。

隨著生命的各種體驗，人的智慧也會漸漸增長，對自我的了解更是隨之改變；與仍在身邊的重要他人之間的關係，也因為年紀漸長而開始有越來越多包容與感謝。因此，我們與逝者之間的互動（即便只是在心裡）也應該可以隨之成長、改變。與逝者之間關係的改變，其實也會影響一個人能否好好活在當下、期許自己有更充實的未來人生；這同時也讓我們覺得自己與逝者更靠近，更親近他們最好的那一面。這種關係的轉變，讓我們成為最好的女兒、兒子、朋友、配偶、父母，假如他們還在世，這正是他們最想看到的樣子。我們對他們的愛永遠不變，只是得找到不同的方式表達、宣洩這份愛。即便逝者再也不能直接體會到這份善意與關愛、即便他們已離開人世，也絲毫不減損我們與他們之間的關係，這份親密的連結永遠如此珍貴。

新的角色，新的關係

重新建立充實的生活時常就代表著發展新的關係，或是加深與某個你早已認識的人之間的依附關係。然而即便是在心情相對平靜好一段時間以後，將新的關係帶進生命裡，還是可能激盪起悲傷的情緒。享受全新關係的同時，生命裡那個新的存在，有可能令你想起自己曾經最愛的那個人已經去世。面對這樣的狀況，我們需要多給自己一點時間與溫柔，並且一定要記得，你現在愛的這個人，和過去你深愛的那個人，是兩個獨立的個體。建立一段充滿愛與支持的全新關係，並不代表就忘記或拒絕了過去曾經存在的深刻關係；新的關係充滿了值得學習的新事物，因此若想好好把握當下的這段關係，而不是繼續活在由過往構成的虛擬世界裡，我們一定也會有許多需要調整的地方。若你身邊有正在哀悼的人，而你想用心支持他們，請一定要好好傾聽對方的心聲、認真地鼓勵對方，同時千萬不要評斷他們發展新關係的時間點是否「正常」。

大家會質疑一段全新關係的原因，其實與它是否有益、是否令人滿意或感到愉快無關。阿摩司．特沃斯基（Amos Tversky）與丹尼爾．康納曼（Daniel Kahneman）這兩位心理學家（同時也是二〇〇二年諾貝爾經濟學獎得主）提出，對人類來說，損失帶來的負面效應是收益帶來的正面效益的兩倍，這正是損失規避（loss aversion）的現象；雖然目前為止我還沒看過將此理論應用於喪親傷慟研究的例子，但我認為這個概念或許可以幫助大家了解在面對新關係時所有人共通的疑慮。假設我們下定決心要再開始約會，或是與新朋友去旅遊，後來可能會發現與這些新對象相處其實不是非常開心。或是更準確來說，與對方相處的時間可能不像過去與已逝的摯愛在一起那麼開心，也可能覺得與對方互動的感受不如理想中來得好。由於為我們是在探索發展全新關係的可能性，所以勢必期待自己能夠感到快樂，畢竟新的關係本來就應該是令人愉快又充滿刺激；又由於是在長時間的哀悼以後終於決定踏出全新的一步，因此我們可能以為這麼做能夠減緩悲傷的情緒。但大家應該要認知到，以上兩項要求其實都是超高標準的期待。從心理層面的角度來說，假如損失所產生的影響力真的是收益的兩倍，那麼我們就得在新關係裡獲得比過去那段深刻關係多一倍的正面感受，才能感受到與過去同等的快樂。然而，建立新的關係並沒有辦法直接填補你我人生因為失落而出現的大洞——人生中的全新角色與全新關係，並不是用來填補這些缺口的存在。期待他們扮演這樣的角色，最終只會帶來失望而已。

重點是，假如我們把握當下好好過生活，勢必會渴望有人愛我們、照顧我們，也會需要有個人讓我們付出愛與關懷。倘若你希望未來有一天能夠享受令人滿意的關係，就得從現在這一刻開始努力。假如我們想像的未來樣貌裡有人深愛著自己，那麼就得從當下開始建立可能成為重要他人的關係；這段關係一定會與過去的經驗不一樣，但卻能夠讓你感到滿足，而且能走得長長久久。這也是為什麼與深愛之人的依附關係和其他任何社交關係都不一樣；假如老闆辭職了，或是在課程結束後再也看不到某位老師，未來也一定會有另一個人填補上這份空缺、扮演同樣的角色。而我們和伴侶、孩子、父母、摯友之間建立的關係是深遠的承諾，如果這個依附對象消失了，我們多年來在對方身上付出的信任、一起經歷過的一切都會隨之不復存在，也沒有另一個人可以輕易地填補這個缺口。我們勢必得再一次投入大量心血，才能夠建立起另一段強韌的情感連結，也需要足夠的時間和大量的共同經歷，才能培養出深厚的信任。但是你得從現在就開始行動，這一切才有可能發生。

離巢

重新建立依附關係的階段會在調適喪親傷慟的後期出現。我們其實可以將這個階段與人生的青少年階段做比較；對於身處青少年階段的人來說，從過去的重要依附關係轉換到另一段關係是再正常不過的事。成為青少年以後，我們開始學習減少對父母的依賴，走出去探索這個世界、尋找新的關係；我們開始尋覓屬於自己的伴侶，並成為彼此生命中最重要的人，滿足彼此的依附需求。大部分的人都知道，離巢雖是人生必經的正常過程，卻依然是成長中充滿壓力的階段。每個人準備好順利離巢所需的時間都不同，這段時期也可能充滿了危險與挫折；離巢雖然是人類發展的正常階段，卻依然充滿了各種壓力，因此也可能有各種不同的心理健康問題伴隨而來，例如憂鬱症、濫用藥物、焦慮甚至是自殺念頭。

而喪親傷慟就像這個人生階段一樣，是一段正常但艱辛的歷程，也很有可能引發各種心理健康問題，因此才需要專業人士的協助。從各種方面來看，我認為人類將依附需求從養育自己的雙親轉移到伴侶身上，其實就和喪親者在失去配偶後再找新對象或是新摯友的現象十分類似。

不過當然了，兩者之間還是有關鍵性的差異。青少年離家準備獨立生活時，大多數的同齡人也在經歷同樣的轉變，因此身邊的朋友自然就會成為互相支持的力量，而且每個人離家獨立生活的時間點大致可以預測，更別說整個社會體制下也有許多幫助青少年度過這個轉換階段的機制，例如學校的宿舍、軍隊裡的新兵訓練以及某些宗教傳統中給青少年為期一年的任務。反之，不是每個人都會經歷喪偶，也可能會在任意一個時間點失去伴侶，這是難以預料的失落體驗。從人體運作機制上來看，人類在該離巢獨立的年齡，正好也是身體開始產生轉變的時期，這時體內分泌的賀爾蒙會促使青少年勇於冒險、探索世界、開始擁有性生活；然而人通常是在年紀比較大時才會喪偶，因此在尋覓新的關係及新對象時，都已歷經了正常的老化現象，不再像青春期那樣有賀爾蒙的力量促使我們前進了。

最後一項差異則是，離家獨立生活並不代表雙親就此從你的生活中消失，他們依然在你的人生裡扮演相當重要的角色。這種現象通常被稱為依附層級（attachment hierarchy），配偶最終都會佔據每個人心中由重要他人構成的金字塔頂端，而父母佔據的層級則會下降，但他們依然能為孩子帶來巨大的心理安慰。與其把深愛之人離世視為依附關係的金字塔出現了一個大洞，其實也可以用另一個角度看待失去，逝者與我們之間仍然存在著持續性連結，他們依然在我們的心裡，也很有可能還佔據著金字塔上的某一個位置。然而因為逝者已無法滿足我們在人世間的依附需求，因此與另一個人的關係，或某一個人的存在，就會變得更加重要。允許人生中再次出現另一個重要的存在是一件很好也很健康的事，而我們與逝者之間心靈上、性靈上的連結，也依然能在金字塔上的另一個位置上永遠存在。

若要解釋究竟誰才是你的依附對象（attachment figure），我通常會問兩個問題；第一，這個人是否覺得你很特別，而對你來說，對方是不是與世上其他人都不一樣的獨特存在？第二，你是否相信在自己有需要時，這個人一定會用心陪伴你，而你又是否願意在對方需要時，努力成為支持他的力量？假如有一段關係滿足了以上兩點，那麼無論這個人在社會體制下對你來說是什麼角色，他很有可能就是能滿足你依附需求的對象。這個存在可能是你的鄰居、手足、秘書、寵物或伴侶，然而他們在這個社會上的位置或角色並不那麼重要，最重要的還是對方在你生命中佔據了什麼位置。

愛從何時開始？

深愛之人的離去是身而為人必經的歷程，如同人在吸氣以後就必然得呼氣一樣。無論受影響的是我們的生命、決定還是價值觀，也無論他們在或不在這個人世間，這份影響力都同樣巨大。憋住氣與從來不曾呼吸過是完全不同的兩回事，同樣的，面對深愛之人死去後的人生，與度過他們從未存在過的人生也並不相同。有時候我會這麼問：這份關係是從何時開始呢？是你們結婚的時候嗎？是初吻嗎？是你看到他的第一眼嗎？同樣的，對方又是在哪一個時間點離開了我們的人生呢？是從再也見不到對方的那一刻起嗎？是對方入土的那一秒嗎？是在愛上別人之後？還是搬離你們共同的家以後？這些都是我們認識了對方、被對方影響、愛上了對方以後所經歷的一切，而在我們心裡，這一切永遠都在。

研究那些難以調適失落的人固然重要，但我們也該好好了解那些歷經了失去的慘痛經驗、卻依然能再次創造美好、充實人生的人。雖然這份堅韌尚未成為神經科學研究的對象，但心理學界已經為這種現象提出了創傷性成長（post-traumatic growth）的名稱。那些經歷傷痛卻因此有了驚人成長的人身上，一定有許多值得我們學習的地方；不管是面對觸發回憶的一切卻依然調適良好，還是很快就能夠再次帶著愛與包容好好活在當下，他們的大腦或許在其中扮演了相當重要的角色。

〔第11章〕傳承人生經驗

現在我們都知道，哀悼是一種學習的過程；失去了重要、深愛的人以後，與他們有關的一切已不復存，而強烈的悲傷則令我們不得不學習新的生活習慣。重要的人去世以後，大腦也被新的現實狀況改變，就像嚙齒類動物的神經細胞在藍色樂高塔從盒子裡消失以後，也跟著不會再受到刺激；人類大腦必須更新依過去習慣做出的預測，再也不能期待深愛的那個人六點下班以後就會到家，或是預期對方會接起電話聽我們分享新鮮事。我們慢慢學會面對現實，那個人已經不在**此時**、**此地**、與我們**關係緊密**的三維空間了，於是我們學會如何用新的方式展現與逝者之間的持續性連結，轉化過去**緊密**的關係。即便無法繼續在現實世界表達對他們的關懷、向他們尋求撫慰，但深愛過的人仍會以表觀遺傳的方式存在於我們的基因裡，也活在我們的記憶裡。

即便我們或許還會對逝者說話、用令他們驕傲的方式生活，但同時也必須認清現實、好好活在當下。與其不斷想像充滿了**假如**的虛擬世界，我們還是得在與逝者維持持續性連結的同時學會把握當下、腳踏實地好好生活。這種關係的轉化是種動態過程，就像任何情感關係也都會隨著時間不斷變化一樣。體會失落以後，與逝者的關係應該要反映出我們在當下的新面貌，包含了從哀悼學習到的一切、由此而生的智慧。我們也得學會如何修復人生，重拾有意義的生活。

雖然我把悲傷比喻成一種學習，但我指的可不是那種簡簡單單就能學會的事；這不單純像是學騎腳踏車那樣，掌握如何保持平衡、學會煞車的技巧就好。這種學習的過程就像一個人被帶到了外星球，發現那裡的空氣根本無法呼吸，因此必須隨時帶著氧氣罩一樣；也像是雖然你的身體依然以一天二十四小時的方式運作著，但還是不得不習慣外星球上一天有三十二小時的生活。悲傷會改變一個人人生的遊戲規則，推翻那一切你認為自己早已學會，在面對死亡之前習以為常的常態。

而大腦天生就是用來學習的器官，因此從大腦科學的角度來思考悲傷這件事，可以幫助大家了解悲傷發生的成因與機制。人類大腦可以同時將好幾種訊息提升到意識層面，因此我們會感受到對於逝者的渴求，想要尋找他們、相信對方總有一天會回到自己身邊；這種渴求隨著人類演化的過程，藉由表觀遺傳深深刻印在基因裡，人類也因此習慣伴隨在深愛之人左右。人類大腦裡也同時儲存著關於逝者的記憶，對方死亡的當下、知道死訊的那一刻的記憶，還有哀悼的頭一年的記憶、第一次少了逝者在身邊體驗生活大小事的記憶。這一切都會迴盪在你我的腦海裡，然而我們最終還是能夠學會把注意力拉回當下充滿活力與各種可能性的這一刻。我們可以藉由把注意力放回當下稍作喘息，在這一刻只專注於眼前的一切，其他什麼也不管；給自己一點時間好好休息，讓大腦有機會練習單純地覺察周遭的一切，練習隨時隨地都達到這種心智或神經連結的狀態。我並不是說這種覺察的狀態就一定比較好，或是就一定勝過對美好回憶的幻想、對更深層連結的渴求，但這種轉移注意力的技巧能賦予人類大腦喘息的空間，即便只有一瞬間，也能夠幫助我們度過現實中令人難以承受的失落。假如能夠給自己這種片刻的休息時間，也許我們就能在最不經意的時刻從現實中找到新機；假如能夠深刻意識到當下的存在，認同此時此刻的價值，就不會白白讓重新找到深刻連結或快樂的機會從指縫間溜走。

學習的科學

心理學經過了幾十年的研究，終於為人類揭示了大腦學習的方式，而我們可以將這些知識運用在哀悼的過程中。心理學家將學習定義為「個體與世界互動吸取經驗後，據此改變行為的過程。」[53]學習能力及認知功能確實涵蓋了各式各樣的能力，而從最廣泛的角度來看，對大多數的一般大眾來說，學習的確能提升人的適應能力。學習這件事最棒的一點是，它是一種能力，因此大家都可以透過練習來增強各種能力、運用大腦的可塑性來學習新事物；心理學家卡蘿・德威克（Carol Dweck）將這種思考方式稱為成長心態（growth mindset）。[54]每個人的認知能力雖有高下之分，但所有人都有學習的機會。就算一個人的先備知識（prior knowledge）*十分貧乏，他仍然可以吸收新知，或是學習如何面對悲傷；而那些已身陷悲傷疾患的人，可以透過心理治療了解反芻思考與逃避對其學習能力造成的負面影響；哀悼者周遭的親友則可以努力給當事人足夠的機會、空間、善意、鼓勵，以利他們學習新的生活方式、找到新的人生體會。

秉持成長心態的其中一個關鍵，就是在一籌莫展時（例如覺得自己在體會失落的同時卻什麼也沒學到的狀態）願意嘗試新的策略。一開始面對強烈悲傷時，大家都只能努力支撐著不要被打倒，走一步算一步，同時希望自己不要崩潰。隨著時間流逝，那種卡在某種狀態的感覺開始令人覺得自己只是在裝裝樣子、敷衍了事；在這種狀態下，我們無法發揮

* 譯註：指學習者在進入學習情境之前，已存在於長期記憶的知識與策略。

創意、感受不到愛，更無法對生命中的其他人伸出援手。在哀悼後期的這個階段，我們應該要掌握新的策略，才能夠繼續學習面對與過去不同又充滿壓力的現實，也就是要讓自己勇於嘗試各式各樣的方式，藉此度過排山倒海而來的悲傷。這一點，我們可以從前人的經驗學習。

人於人之間的關係存在多久，哀悼的歷史就有多久，而這種人類共同的經歷讓每個人得以與祖先產生連結，也讓我們與周遭的其他個體有相同的體會。從德威克的著作來說，一個人若想維持成長心態，就應該要在哀嘆「我無法適應經歷失落後的人生」這句話裡加一個「還」，變成「我還無法適應經歷失落後的人生」。大腦在成長、改變的過程中，可能會令人感到挫折，覺得自己無法面對新的世界，也對修復人生的可能性感到絕望；但其實大腦正在努力搞清楚哪些方法有用、哪些沒用。假如你覺得一切努力變得好像只是在原地踏步，僅能苦苦支撐著不要滅頂，那就該開始嘗試用新的方式處理記憶、情緒以及人際關係了。從他人順利重新找回充實人生的經驗學習，也許就能得到嘗試的新靈感。這個學習對象也許是你的牧師、祖母、最喜歡的小說家或網誌寫手，也可能是某個心理學家——試著跟不同的對象聊一聊，與你從未傾訴過的那個人談談心底的悲傷。去找那些體會過哀悼歷程的人，問他們當初是怎麼面對的，他們很有可能到現在也還在用這些方式努力走下去。嘗試各式各樣的新方法，即便你可能覺得很蠢，也要努力嘗試看看對別人有用的各種方式，然後把注意力放在那些確實有用，讓當下的你覺得舒服一點的妙招上。即便這些人的秘訣通通都沒用，這個嘗試的過程至少可能令你覺得跟其他人更有共鳴，讓你覺得自己與其他人的感受更為靠近；而在被悲傷粉碎的生活中，我們最缺乏的就是與其他人的連結，因此你我也許就能在這嘗試的歷程中找到希望。

悲傷入門課

我在大學為大三、大四的學生開設生死心理學課程，傳授我對於悲傷所具備的一切知識。我很喜歡教這門課，而從各方面來說，學生也很喜歡上這門課。各位對這一點可能感到意外，畢竟生與死聽起來似乎不像是年輕學子會選擇的課程，更別說還要針對這個主題花上十六週的時間思考、討論、閱讀、寫作。至於我，有個學生說他覺得我看起來「太快樂了」，不像是教這種課程的老師；或許他們原本預期這門課的老師應該看起來鬱鬱寡歡，或是一天到晚穿著一身黑衣。現實是，我每次都在講台上一派自得地講述關於死亡的話題，這令他們十分驚訝。然而我從不粉飾自己真正想表達的論點，也不只一次在課堂上因為講到兒童死亡的案例或大屠殺事件而熱淚盈眶，學生們在我課堂上聽到**死亡**及**瀕死**這些字眼的次數，或許比他們整個大學生涯的其餘時間加起來還要多。

我們在課堂上的對話深入學生的真實生活，這些年輕學子渴望談論這些事，也在努力尋找答案。我總是抱著期待的心情走進那間擺滿一百五十張木製課桌椅的演講廳，好奇這一堂課的對話會涉及哪些議題，而我每一次都會被這些大學生人生中經歷過的諸多生死體驗所震撼。這些學生身邊自殺身亡的朋友數量多到令人不安，而其中也有許多人幫忙照顧過年長親人、在家裡有過安寧照護的經驗。更有些學生曾經擔任志工，支持那些歷經悲傷的孩童，也有些人是受過專業訓練的緊急醫護技術人員（emergency medical technicians，EMTs）。

我們討論了強烈悲傷到底是什麼，好幾個學生也分享了家庭成員過世時，是他們第一次也是最後一次看見父親哭泣；我們應用兒童認知發展的知識，了解人類成長的過程中，對死亡的抽象概念如何變化，也教導他們如何與可能正在考慮自殺的朋友對話，假如發生了又該如何應對。感恩節假期間，我讓他們帶表格回家，與父母、祖父母一起（或是為自己）寫下生前遺囑，同時練習如何開口詢問家人臨終前的心願。

在二〇一七年拉斯維加斯槍擊案發生後，有位學生在課堂上問我能不能討論此事，她在整個演講廳的學生面前坦承了自己心中的恐懼。當場也有許多學生表示，身邊有朋友參加了那場演唱會；當下我就知道自己該拋開當天原定的主題，改讓學生好好談論自身經驗，分享他們在現代世界面臨對死亡的恐懼究竟是什麼感受，又能如何藉由關注那些令人讚嘆的英雄舉動，來駕馭內心的恐懼。

其中我最喜歡的課程內容，是課程最後一天的想像實驗（thought experiment）。我會對學生說，醫學界終於發明出了長生不老藥，接著問學生：長生不老會為他們帶來哪些改變？他們面對人生的方式會因此有所不同嗎？我們同時也討論了幾種情況——在這個想像的世界裡，人們仍然會生病、會老嗎？不過這些都只是細節而已，更重要的是學生可能如何改變人生計畫。有些人說自己會選擇不念大學，因為既然都已經長生不老了，他們隨時都能回來唸書。有些人則說，既然有這麼多時間，自己興趣又如此廣泛，會想攻讀好幾個學位。另外一個引起熱烈討論的話題則是，假如真的能夠長生不老，大家會更想還是更不想生小孩？既然有了這麼多時間，大家會想認識這世界上的每一個人嗎？假如人類都長生不老，這會對政府、和平協商、外援等面向產生哪些影響？

隨著此起彼落的討論告一段落，我語驚四座地向他們提出一項觀點。人類面對生命的方式其實與死亡息息相關，生命有限的這件事會影響每個人的行為、價值觀、行事風格。即便大家在做決定的當下，都沒有明確想過生命有限、生命無常這件事，但看到大家在這個想像實驗中，因為擁有了無限生命而改變行為模式，就能讓我們意識到死亡其實影響了人類每一天的日常生活。正是死亡讓生命有了意義；死亡讓我們了解，人生是一份有保存期限的禮物。最後，我為大家朗誦了道元禪師說過的一句話，做為整學期課程的結語：「生死事大。無常迅速。各宜醒覺。慎勿放逸。」*（Life and death are of supreme importance. Time swiftly passes by and opportunity is lost. Each of us should strive to awaken. Awaken! Take heed, do not squander your life.）

建議並非學習的必要條件

然而，我教導學生並不是為了直接對他們下指導棋，也不認為其他非當事人應該為哀悼者的人生歷程提出任何建議。從臨床心理醫師口中聽到這句話或許令人有些驚訝——但有些事情真的只能靠自身體會，無法仰賴他人的建議。每個人都不知道悲傷對另一個人來說是什麼感受。事實上，我認為來自熱心人士的各種建議，正是導致哀悼者與他人保持距離的原因。其實每個人都是面對自己悲傷、人生、人際關係的專家，而我身為科學家，從整體平均水準的角度而言，確實是悲傷的專家；因此我能帶領哀悼者認識各種科學證據，讓他們了解人類過去雖然一直以為哀悼的進程有明確的階段分別，但如今已藉由科學實驗了解事實並非如此。我也能與他們分享藉由心理治療引導當事人處理悲傷疾患的概念，了解人類面對失落與悲傷時常卡在反芻思考裡的現象。我也能讓他們了解悲傷與學習的相似之處，進而理解各種事物對增進學習能力的利與弊。而同樣身為人類，我也可以與他們分享自己為悲傷所苦的那些時刻，告訴他們我會選擇如何度過當下的痛苦；當然我也會告訴他們，有時候我其實並不那麼深陷於傷痛的泥淖之中，卻確實感受到悲傷所帶來的污名。心理治療真正做的，其實是給個案機會、勇氣與可能性，讓他們得以用不同的方式體驗個人的情緒、人際關係以及內心真正的想法。

每個人的價值觀與信仰對他們的人生有哪些影響，這不是我該斷言的事；因為你早就已經走在修復人生的道路上了，這條路上有愛也有悲傷，會經歷痛苦也能增長智慧。我能做的，只有鼓勵你用心體會當下，試著從每一天發生的各種事情學習經驗，找到對自己有用的方法。我相信你一定有足夠的能力解決所有問題，同時在體驗過失落的錐心之痛後，仍能過上充實的人生。

＊譯註：無確切資料可證明此為道元禪師所言。日本禪寺中多有名為板木はんぎ的木牌，作敲打報時之用途；這些木牌通常掛在殿前或寺門，上面會寫有禪語，此處譯文便是參考其所作。

我學到了什麼

每次回頭檢視當時母親過世的過程，我的心神就會立刻回到家鄉鎮上的那家老醫院。當初心情惡劣地搭上前往蒙大拿的可怕航班後，我一路直奔醫院。母親過世後的幾年，每次只要想起她臨終的時光，關於那間病房的回憶就會令我憶起母親受的苦、她的焦慮、她的憂鬱，還有在她過世前幾個月，我和她之間那些令我充滿罪惡感的對話，這一切都令我痛苦。在這好長一段的漫漫時光裡，我每次想到母親，就會直接連結到悔恨的心情，我很後悔當初對她不夠有耐心、不夠有同理心，也很羞愧沒有好好花時間陪她。但到了這幾年，每次我想到母親離世的事情，就會想起當時走進病房時發現母親已經昏迷的情景；我低頭看著病床上的母親，映入眼簾的是她那張熟悉的臉龐，蠟黃的臉色則是多年化療和肝臟衰竭的結果。但我忍不住注意到，也最令我印象最深刻的是，她的前額竟沒有一絲皺紋（這也是當下立刻浮現在我腦海裡的事）。她的前額光滑無比、一絲紋路也沒有，不像她這輩子每一天都緊皺著眉頭的那個樣子，一直以來，眉頭緊皺的表情總是彰顯出了她內心的混亂。然而在人世間的最後幾個小時，母親似乎終於找到了內心的平靜；在人生最後的時刻，她終於不必依靠我就能平靜下來了。

失去深愛的重要他人是我們與死亡的近距離接觸，這種感受令人難以承受。它令我們滿心敬畏，也會改變你我對世界、對人生、對人際關係的看法。重要他人死去後，生者必須面對現實，而這一切都會改變我們；留下來的人再也無法用與過去相同的方式身處於同一個世界。假如你已真正深刻地理解深愛之人永遠消失的感受，這份現實會改變你愛人的方式、扭轉你相信的價值與重視的事物，而這種用不同眼光看待一切的過程，就是學習。觸碰到最深沉的痛苦，體會苦苦渴求深愛之人回到身邊的傷痛，卻必須接受事實不可能如自己所願的絕望，這一切都是令人難以想像的沉重心情。不過這一切都是走過人生旅程必須面對的體驗。我們終究會與深愛之人分別，只是每個人別離的方式有所不同；可能是因為死亡，也可能是因為離婚、誤解、無意的輕視而分開。然而體會過這些錐心之痛，能讓人類更靠近彼此；一旦嘗過這種深沉的悲傷，你就彷彿推開了某一扇門，走進你在體會失落以前從來無法理解、無法感同身受的那一群人之中。假如你能決定如何選擇，很可能絕對不會推開這扇門，然而現在你已經在這兒了，也已具備了關於自我的豐富知識，還有著一顆神奇的大腦，這一切一定能幫助你打造屬於自己的新世界，在其中徜徉探索。

謝詞

我雖然是科學領域的專家，但也知道自己在出版業絕對算是個大外行，所以我很感謝曾經鼓勵我、幫助我的所有人。首先，我要真摯地感謝我的經紀人勞莉・阿布克梅爾（Laurie Abkemeier），她勇敢地在我身上賭了一把，同時用對出版業的豐富知識即時回答我永無止盡的疑問，讓我這個菜鳥作者倍感安心。勞莉與德菲奧雷集團（DeFiore and Company）的每一個人都極富內涵，不僅了解從學術界跨足出版界的作者會面臨的各種問題，也深知潛藏在出版界的社會正義議題，決定了哪些人、哪些議題擁有話語權、可以出書面世，這點實在令我驚豔。感謝我的編輯夏儂・威爾許（Shannon Welch），她對這本書充滿熱忱，在野火與疫情的包夾之下仍一路捍衛這本書的出版，我很感謝有她當我的編輯，她真的「知道」我想說什麼，也樂於與我分享她細膩、有見地的評語和意見。我也要感謝另一位編輯米奇・默德林（Mickey Maudlin），在最後的關鍵時刻奮不顧身投入，帶著這本書奔過出版前的最後一哩路。此外，還有艾登・馬荷尼（Aidan Mahony）、香特爾・湯姆（Chantal Tom）和哈珀出版集團（HarperOne）的全體成員，感謝你們頂尖的專業能力。感謝肯特・戴維斯（Kent Davis），當初若是沒有你的鼓勵，我不可能鼓起勇氣找經紀人出版本書。感謝安娜・維許（Anna Visscher）、安迪・史戴翰（Andy Steadham）、戴夫・斯巴拉（Dave Sbarra）、薩倫・希利，感謝你們花費時間閱讀本書初稿，提供我各式各樣寶貴的建議；不僅肯定我寫得好的地方，也給我如何進一步修改的珍貴建言。感謝本書提及的所有學術界同仁，感謝你們費心閱讀關於個人研究的段落，各位對於科學知識傳播的慷慨貢獻令我讚嘆。感謝烏特勒支NOEN咖啡店的譚雅（Tanja），為我提供了香醇的咖啡，還用無敵美味的麵包做出了超好吃的三明治，更重要的是，給了我一個每天早上寫作的舒適空間，也在我剛到荷蘭時對我伸出溫暖的友誼之手。致親愛的瑣事幫（trivia gang,），感謝我們每週四晚上與週日下午共享的美好時光。感謝悲傷、失去與社會壓力實驗室的所有學生，我們的寫作小組是敦促我在百忙之中仍能抽出時間寫作的原動力。我也真心感謝姊姊卡洛琳・歐康納（Caroline O'Connor）以及摯友安娜・維許（Anna Visscher,），陪伴我走過人生的每一件大小事，無論什麼時間都願意在電話線的另一端陪伴我。還有珍（Jenn），我真心感謝你我共度的美好時光。我也要感謝瑞克（Rick），在我寫作的這段時間裡陪我跑遍世界各地，還跟我一起過著簡約生活。感謝我的父母，我很感激你們一直對我這麼有信心、讓我參與你們人生與死亡的動人旅程。最後我要感謝多年來與我分享失落經驗的所有人，你們面對失落的恆心毅力令我心折，也感謝你們願意為科學研究貢獻個人經驗，讓我們得以一窺你們心靈、大腦、靈魂的奧祕。

48. A. J. Rose, W. Carlson, and E. M. Waller (2007): "Prospective asso- ciations of co-rumination with friendship and emotional adjustment: Considering the socioemotional trade-offs of co-rumination," *Develop- mental Psychology* 43/4: 1019–31, doi: 10.1037/0012–1649.43.4.1019.

第九章 活在當下

49. J. Warner, C. Metcalfe, and M. King (2001), "Evaluating the use of ben- zodiazepines following recent bereavement," *British Journal of Psychia- try* 178/1: 36–41.

50. J. M. Cook, T. Biyanova, and R. Marshall (2007), "Medicating grief with benzodiazepines: Physician and patient perspectives," *Archives of Inter- nal Medicine* 167/18 (Oct. 8), doi:10.1001/archinte.167.18.2006.

51. W. W. Seeley, V. Menon, A. F. Schatzberg, J. Keller, G. H. Glover, H. Kenna, et al. (2007), "Dissociable intrinsic connectivity networks for salience processing and executive control, *Journal of Neuroscience* 27: 2349–56.

52. J. D. Creswell, A. A. Taren, E. K. Lindsay, C. M. Greco, P. J. Gianaros, Fairgrieve, A. L. Marsland et al. (2016), "Alterations in resting-state functional connectivity link mindfulness meditation with reduced in- terleukin-6: A randomized controlled trial," *Biological Psychiatry* 80: 53–61, http://dx.doi. org/10.1016/j.biopsych.2016.01.008.

第11章 傳承人生經驗

53. S. J. E. Bruijniks, R. J. DeRubeis, S. D. Hollon, and M. J. H. Huibers (2019), "The potential role of learning capacity in cognitive behavior therapy for depression: A systematic review of the evidence and future directions for improving therapeutic learning," *Clinical Psychological Science* 7/4: 668–92, https://doi.org/10.1177/2167702619830391.

54. C. S. Dweck (2006), *Mindset* (New York: Random House).

39. G. A. Bonanno and D. Keltner (1997), "Facial expressions of emotion and the course of conjugal bereavement," *Journal of Abnormal Psychol- ogy* 106/1 (Feb.): 126–37, doi: 10.1037//0021-843x.106.1.126.

40. D. Kahneman and R. H. Thaler (2006), "Utility maximization and experienced utility," *Journal of Economic Perspectives* 20/1: 221–34, doi:10.1257/089533006776526076.

41. P. K. Maciejewski, B. Zhang, S. D. Block, H. G. Prigerson (2007), "An empirical examination of the stage theory of grief," *Journal of the Ameri- can Medical Association* 297(7): 716–23, erratum in *JAMA* 297/20: 2200, PubMed PMID: 17312291.

第8章　為過往花點時間

42. W. Treynor, R. Gonzalez, and S. Nolen-Hoeksema (2003), "Rumination reconsidered: A psychometric analysis," *Cognitive Therapy and Research* 27/3 (June): 247–59.

43. M. C. Eisma, M. S. Stroebe, H. A. W. Schut, J. van den Bout, P. A. Boelen, and W. Stroebe (2014), "Development and psychometric evalua- tion of the Utrecht Grief Rumination Scale," *Journal of Psychopathology and Behavioral Assessment* 36:165–76, doi: 10.1007/s10862–013–9377-y.

44. M. C. Eisma, H. A. Schut, M. S. Stroebe, P. A. Boelen, J. Bout, and W. Stroebe (2015), "Adaptive and maladaptive rumination after loss: A three-wave longitudinal study," *British Journal of Clinical Psychology* 54:163–80, https://doi.org/10.1111/bjc.12067.

45. M. S. Stroebe et al. (2007), "Ruminative coping as avoidance: A reinter- pretation of its function in adjustment to bereavement," *European Ar- chives of Psychiatry and Clinical Neuroscience* 257: 462–72, doi: 10.1007/s00406–007–0746-y.

46. M. C. Eisma, M. Rinck, M. S. Stroebe, H. A. Schut, P. A. Boelen, W. Stroebe, and J. van den Bout (2015), "Rumination and implicit avoid- ance following bereavement: an approach avoidance task investigation," *Journal of Behavior Therapy and Experimental Psychiatry* 47 (Jun): 84–91, doi: 10.1016/j.jbtep.2014.11.010.

47. M. C. Eisma, H. A. W. Schut, M. S. Stroebe, J. van den Bout, W. Stroebe, and P. A. Boelen (2014), "Is rumination after bereavement linked with loss avoidance? Evidence from eye-tracking," *PLoS One* 9, e104980, http://dx.doi.org/10.1371/journal.pone.0104980.

30. H. Wang, F. Duclot, Y. Liu, Z. Wang, and M. Kabbaj (2013), "Histone deacetylase inhibitors facilitate partner preference formation in fe- male prairie voles," *Nature Neuroscience*, http://dx.doi.org/10.1038/nn.3420.

31. J. Holt-Lunstad, T. B. Smith, and J. B. Layton (2010), "Social relation- ships and mortality risk: A meta-analytic review," *PLoS Medicine* 7(7): e1000316, doi:10.1371/ journal.pmed.1000316.

32. M. F. O'Connor, D. K. Wellisch, A. L. Stanton, N. I. Eisenberger, M. R. Irwin, and M. D. Lieberman (2008), "Craving love? Complicated grief activates brain's reward center," *NeuroImage* 42: 969–72.

33. B. Costa, S. Pini, P. Gabelloni, M. Abelli, L. Lari, A. Cardini, M. Muti, C. Gesi, S. Landi, S. Galderisi, A. Mucci, A. Lucacchini, G. B. Cassano, and C. Martini (2009), "Oxytocin receptor polymorphisms and adult at-tachment style in patients with depression," *Psychoneuroendocrinology*34/10 (Nov.): 1506–14, doi: 10.1016/j.psyneuen.2009.05.006.

34. K. Tomizawa, N. Iga, Y. F. Lu, A. Moriwaki, M. Matsushita, S. T. Li, O. Miyamoto, T. Itano, and H. Matsui (2003), "Oxytocin improves long- lasting spatial memory during motherhood through MAP kinase cas- cade," *Nature Neuroscience* 6/4 (Apr.): 384–90.

第7章　擁有分辨差異的智慧

35. M. F. O'Connor and T. Sussman (2014), "Developing the Yearning in Situations of Loss scale: Convergent and discriminant validity for be-reavement, romantic breakup and homesickness," *Death Studies* 38: 450–58, doi: 10.1080/07481187.2013.782928.

36. D. J. Robinaugh, C. Mauro, E. Bui, L. Stone, R. Shah, Y. Wang, N. A. Skritskaya, C. F. Reynolds, S. Zisook, M. F. O'Connor, K. Shear, and N. M. Simon (2016), "Yearning and its measurement in complicated grief," *Journal of Loss and Trauma* 21/5: 410–20, doi: 10.1080/15325024.2015.1110447.

37. D. C. Rubin, M. F. Dennis, and J. C. Beckham (2011), "Autobiographi- cal memory for stressful events: The role of autobiographical memory in posttraumatic stress disorder," *Consciousness and Cognition* 20: 840–56.

38. S. A. Hall, D. C. Rubin, A. Miles, S. W. Davis, E. A. Wing, R. Ca- beza, and D. Berntsen (2014), "The neural basis of involuntary episodic memories," *Journal of Cognitive Neuroscience* 26: 2385–99, doi: 10.1162/jocn_a_00633.

in older adults," *Social Science & Medicine* 74/12: 1987–94.

22. S. Freud (1917), *Mourning and Melancholia*, vol. XIV in The Stan- dard Edition of the Complete Psychological Works of Sigmund Freud (1914–1916): *On the History of the Psycho-Analytic Movement, Papers on Metapsychology and Other Works*, pp. 237–58, https://www.pep-web.org/document.php?id=se.014.0237a.
23. H. G. Prigerson, M. K. Shear, S. C. Jacobs, C. F. Reynolds, P. K. Maciejewski, P. A. Pilkonis, C. M. Wortman, J. B. W. Williams, T. A. Widiger, J. Davidson, E. Frank, D. J. Kupfer, and S. Zisook (1999), "Consensus criteria for traumatic grief: A preliminary empirical test," *British Journal of Psychiatry*, 174: 67–73.
24. H. C. Saavedra Pérez, M. A. Ikram, N. Direk, H. G. Prigerson, R. Freak- Poli, B. F. J. Verhaaren, et al. (2015), "Cognition, structural brain changes and complicated grief: A population-based study," *Psychological Medi- cine* 45/7: 1389–99, https://doi.org/10.1017/S0033291714002499.
25. H. C. Saavedra Pérez, M. A. Ikram, N. Direk, and H. Tiemeier (2018), "Prolonged grief and cognitive decline: A prospective population-based study in middle-aged and older persons," *American Journal of Geriatric Psychiatry* 26/4: 451–60, https://doi.org/10.1016/j.jagp.2017.12.003.
26. F. Maccallum and R. A. Bryant (2011), "Autobiographical memory fol- lowing cognitive behaviour therapy for complicated grief," *Journal of Behavior Therapy and Experimental Psychiatry* 42: 26–31.
27. M. K. Shear, Y. Wang, N. Skritskaya, N. Duan, C. Mauro, and A. Ghes- quiere (2014), "Treatment of complicated grief in elderly persons: A randomized clinical trial," *JAMA Psychiatry* 71/11: 1287–95, doi:10.1001/jamapsychiatry.2014.1242.
28. P. A. Boelen, J. de Keijser, M. A. van den Hout, and J. van den Bout (2007), "Treatment of complicated grief: A comparison between cognitive-behavioral therapy and supportive counseling," *Journal of Consulting and Clinical Psychology* 75: 277–84.

第6章　思念最深愛的人

29. M. Moscovitch, G. Winocur, and M. Behrmann (1997), "What is special about face recognition? Nineteen experiments on a person with visual object agnosia and dyslexia but normal face recognition," *Journal of Cog- nitive Neuroscience* 9/5: 555–604.

Trope, and D. Schiller (2015), "A map for social navigation in the human brain," *Neuron* 87: 231–43.

11. M. K. Shear (2016), "Grief is a form of love," in R. A. Neimeyer, ed., *Techniques of grief therapy: Assessment and intervention*, 14–18 (Abing- don: Routledge/Taylor & Francis Group).
12. K. L. Collins et al. (2018), "A review of current theories and treatments for phantom limb pain," *Journal of Clinical Investigation* 128/6: 2168.
13. G. Rizzolatti and C. Sinigaglia (2016), "The mirror mechanism: A basic principle of brain function," *Nature Reviews Neuroscience* 17: 757–65.
14. N. A. Harrison, C. E. Wilson, and H. D. Critchley (2007), "Processing of observed pupil size modulates perception of sadnss and predicts empathy," *Emotion* 7/4: 724–29, https://doi.org/10.1037/1528-3542.7.4.724.

第3章　信念的神奇力量

15. https://www.nytimes.com/2004/02/07/arts/love-that-dare-not-squeak-its-name.html.
16. K. Cronin, E. J. C. van Leeuwen, I. C. Mulenga, and M. D. Bodamer (2011), "Behavioral response of a chimpanzee mother toward her dead infant," *American Journal of Primatology* 73: 415–21.
17. D. Tranel and A. R. Damasio (1993), "The covert learning of affective valence does not require structures in hippocampal system or amyg- dala," *Journal of Cognitive Neuroscience* 5/1 (Winter): 79–88, https://doi.org/10.1162/jocn.1993.5.1.79.
18. Ibid.

第4章　跨越時間 適應現狀

19. "Elisabeth Kübler-Ross" (2004), *BMJ* 2004; 329:627, doi: https://doi.org/10.1136/bmj.329.7466.627.
20. J. M. Holland and R. A. Neimeyer (2010), "An examination of stage the- ory of grief among individuals bereaved by natural and violent causes: A meaning-oriented contribution," *Omega* 61/2: 103–20.

第5章　悲傷的併發症

21. I. R. Galatzer-Levy and G. A. Bonanno (2012), "Beyond normality in the study of bereavement: Heterogeneity in depression outcomes follow- ing loss

附註

緒言

1. H. Gündel, M. F. O'Connor, L. Littrell, C. Fort, and R. Lane (2003), "Functional neuroanatomy of grief: An fMRI study," *American Journal of Psychiatry* 160: 1946–53.
2. G. A. Bonanno (2009), *The Other Side of Sadness: What the New Science of Bereavement Tells Us about Life after Loss* (New York: Basic Books).

第1章　黑暗中獨行

3. A. Tsao, M. B. Moser, and E. I. Moser (2013), "Traces of experience in the lateral entorhinal cortex," *Current Biology* 23/5: 399–405.
4. J. O'Keefe and L. Nadel (1978), *The Hippocampus as a Cognitive Map* (New York: Oxford University Press).
5. *Meerkat Manor*, Season one, Discovery Communications, *Animal Planet*, produced by Oxford Scientific Films for Animal Planet, International Southern Star Entertainment UK PLC, producers Chris Barker and Lucinda Axelsson.
6. J. Bowlby (1982), *Attachment* (2nd ed.), vol. 1: *Attachment and Loss* (New York: Basic Books).

第2章　追尋親密關係

7. A. Aron, T. McLaughlin-Volpe, D. Mashek, G. Lewandowski, S. C. Wright, and E. N. Aron (2004), "Including others in the self," *European Review of Social Psychology*, 15/1: 101–32, https://doi.org/10.1080/10463280440000008.
8. Y. Trope and N. Liberman (2010), "Construal level theory of psycho- logical distance," *Psychological Review* 117: 440, doi: 10.1037/a0018963.
9. C. Parkinson, S. Liu, and T. Wheatley (2014), "A common cortical met- ric for spatial, temporal, and social distance," *Journal of Neuroscience* 34/5: 1979–87.
10. R. M. Tavares, A. Mendelsohn, Y. Grossman, C. H. Williams, M. Sha- piro, Y.